上海海关学院 | 优秀青年博士学术文库
工商管理与关务学院

不对称信息下发电企业
竞价策略与激励研究

任启毓　著

上海交通大学出版社
SHANGHAI JIAO TONG UNIVERSITY PRESS

内容提要

本书以中国电力体制改革面临的新挑战为研究背景,从集中交易和多边交易两种主要的电力交易模式特点出发,系统地分析发电企业、售电企业、大用户间的博弈行为机理,研究发电企业的竞价策略与电价波动的影响机理,提出促进电力市场化交易的有效途径。本书可供电力市场工作人员参考阅读,也可供电力市场研究人员研究参考。

图书在版编目(CIP)数据

不对称信息下发电企业竞价策略与激励研究 / 任启毓著. –– 上海 : 上海交通大学出版社,2024.12 ––(上海海关学院工商管理与关务学院优秀青年博士学术文库).
ISBN 978-7-313-31662-2

Ⅰ. F426.61

中国国家版本馆 CIP 数据核字第 2024SC9351 号

不对称信息下发电企业竞价策略与激励研究
BUDUICHEN XINXIXIA FADIAN QIYE JINGJIA CELÜE YU JILI YANJIU

著 者:任启毓			
出版发行:上海交通大学出版社		地 址:上海市番禺路 951 号
邮政编码:200030		电 话:021 - 64071208
印 制:苏州市古得堡数码印刷有限公司		经 销:全国新华书店
开 本:710 mm×1000 mm 1/16		印 张:9
字 数:147 千字		
版 次:2024 年 12 月第 1 版		印 次:2024 年 12 月第 1 次印刷
书 号:ISBN 978 - 7 - 313 - 31662 - 2		
定 价:78.00 元		

前言
PREFACE

本书围绕电力体制改革后的集中交易模式和多边交易模式,对电力参与者最优竞价策略、收益变化、市场均衡及最优激励进行研究,从市场化竞争和政策性激励两个层面进行剖析。各章节内容安排如下。

第1章,研究概述。介绍中国电力市场改革背景、中国电力市场改革现状及成绩,剖析中国电力市场化改革存在的问题。

第2章,中国电力市场交易模式。从我国电力体制改革进程入手,介绍了电力体制改革后我国主要的两种电力交易模式——集中交易和多边交易模式,其中包括国际上普遍采取的竞价方式和出清价格规则对比。最后总结集中交易和多边交易的适用性和优缺点。

第3章,集中交易下传统发电企业最优竞价策略及均衡。电力体制改革促使电力拍卖频率和规模不断激增,建设以市场为导向的电力交易平台使得电力需求侧,尤其是有议价能力的大型企业,对电价表现出价格敏感性,这为分析参与者投标行为和预测市场出清价格带来困难。本章基于统一市场出清价格规则,建立传统电力交易市场最优竞价模型,运用拍卖理论研究不同需求弹性下发电企业最优投标策略。结果表明,发电企业最优投标策略与发电成本、交易成本、发电企业人数、需求规模有关。第3章得到了市场贝叶斯纳什均衡,并证明了唯一性。最后,结合理论推导和数值仿真对比分析弹性需求拍卖、固定需求拍卖以及完全竞争市场三种市场结构对发电企业行使市场力、市场均衡电价以及社会福利的影响。

第4章,集中交易下可再生能源竞价与激励。考虑发电企业策略性投标行为,结合可再生能源发电间歇性、不确定性、高运营成本等特点,设计促进可再生能源发电的价格激励机制。能源需求增加以及全球气候变暖威胁,迫使我国政府大力推广可再生能源发电。当前的固定价格补贴由于无法及时反映发电成本,导致大量财政补贴缺口。本章在可再生能源竞价上网背景下,构建了基于委托—代理模型的可再生能源发电最优激励机制,运用连续时间随机最优控制方法,提出了新的成本相关价格补偿机制。补偿机制分为两方面:一方面,对可再生能源发电量按成本相关进行补贴,激励发电企业降低发电成本;另一方面,对长期无可再生能源电量产出的企业和成本过高导致竞标长期失败的发电企业进行财政处罚,激励发电企业持续投入可再生能源运营中。本章还证明了该价格机制的激励相容性。最后,与固定价格补贴对比证明该价格机制不仅可以有效地促进可再生能源的发展,而且对降低财政赤字有促进作用。

第5章,多边交易市场下企业竞价策略。为降低发电成本,提高电力经营效率,打破售电企业独家买卖电力的市场格局,我国从"十一五"期间就开始实施大用户直购电试点工作。政策的推进和大用户购电偏好的改变,促使上游的发电企业侵入零售电市场,改变了电力供应链的市场结构。第5章以双渠道购电模式(直购电渠道和零售电渠道)为背景,从电力供应链的角度出发构建发电企业、售电企业和大用户的三方序贯竞争博弈模型,考虑售电企业和发电企业的激励相容冲突,研究发电企业和售电企业在需求不确定情况下的最优定价策略,并求得市场完美贝叶斯纳什均衡解。结果表明,发电企业过度侵占售电市场会导致售电企业定价扭曲,降低电力供应链效率。此外,本章还结合数值仿真和理论推导方法证明大用户偏好对市场均衡、各方参与者收益以及定价扭曲的影响。最后,结合结果和中国直购电市场现状对直购电发展提出政策建议。

第6章,总结与展望。对全书的主要研究内容进行了总结,归纳了全书的创新点和不足,对未来的研究方向进行展望。

目录
CONTENTS

第 1 章

研究概述

1.1　中国电力市场概况

随着 2015 年《关于进一步深化电力体制改革的若干意见》的公布,以能源革命为背景的电力市场体制改革正式拉开帷幕。为积极探索市场化交易模式,我国相继开展了竞价上网、大用户与发电企业直接交易、发电权交易等方面的探索和试点,在售电侧和发电侧引入竞争机制,打破电网企业独家买卖电力的垄断市场格局,从根本上改变了指令性计划体制和政企不分、厂网不分等问题,初步形成了电力市场主体多元化竞争格局。

从电力市场总体发展情况来看,截至 2023 年末,全国累计发电装机容量约 29.2 亿千瓦,同比增长 13.9%,稳居世界第一,其中太阳能发电装机容量约 6.1 亿千瓦,同比增长 55.2%;风电装机容量约 4.4 亿千瓦,同比增长 20.7%(中国统计年鉴,2024)。从电力供需关系的角度来看,2023 年全社会用电量 92 241 亿千瓦时,同比增长 6.7%。规模以上工业发电量为 89 091 亿千瓦时,电力供需情况总体较为吃紧(中国统计年鉴,2024)。从市场化交易进程来看,当前我国电力市场化交易已取得积极进展,市场化交易电量正逐年大幅度增长。2023 年,我国市场化交易总电量(含发电权交易电量、不含抽水蓄能低谷抽水交易电量等特殊交易电量)达 5.7 万亿千瓦时,占全社会用电量比重达到 61.4%。在交易机构注册的主体数量达到 70.8 万家,市场活力有效激发(中国电力企业联合会,2023)。随着竞争性电价的逐步放开,我国电力体制改革(以下或简称"电改")进入了新的探索阶段。

此外,为完善生态文明建设体制改革,2017 年党的十九大对中国电力体制改革提出了新要求,提出电改需以建设"清洁低碳、安全高效"的现代能源体系为目标,大力推进可再生能源发展工作,确保现有市场主体作为主力军推进可再生能源发电工作。为解决可再生能源发电成本高、风险大等问题,支持新能源行业,尤其是光伏发电和风电的蓬勃发展,我国采取固定电价补贴政策对光伏发电和风电分四个区域、按照不同价格全额收购,即明确规定各类可再生能源上网价格,标杆电价一直延续至今。在高额补贴机制和优先上网政策指导下,我国太阳能、风能、核能等可再生能源发电行业飞速发展,截至 2023 年底,我国非化石能源发电装机容量 15.7 亿千瓦,占总装机容量比重在 2023 年首次突破 50%,达到 53.9%。其中,陆上风电 4.0 亿千瓦、海上风电 3 729 万千瓦,并网太阳能发电 6.1 亿千瓦。全国并网风电和太阳能发电合计装机规模从 2022 年底的 7.6 亿千瓦,连续突破 8 亿千瓦、9 亿千瓦、10 亿千瓦大关。截至 2023 年底,太阳能发电装机容量已达到 17 463 亿千瓦时,同比增长 33.9%;风电发电装机容量达 18 426 亿千瓦时,同比增长 12.4%(中国统计年鉴,2024)。

为促进可再生能源电力交易市场化,2018 年 5 月,国家能源局发布《关于 2018 年度风电建设管理有关要求的通知》,指明 2018 年我国未确定投资主体的海上风电项目应全部通过竞争方式配置和确定上网电价。至 2019 年我国海上风电项目应全部通过竞争方式配置和确定上网电价。至此,我国可再生能源市场化交易改革正式拉开了帷幕。

1.2　中国电力市场化改革瓶颈

随着电力市场化交易的有序放开,我国电力行业发展面临着一些棘手且亟须解决的新问题。

1. 市场化电价机制尚未完全形成

电力是具有公用事业性的特殊商品,电价波动将引起社会和经济的连锁效应。当前我国现行电价仍以政府核算制定为主,电价不能及时反映市场供需关系、发电成本变化以及环保支出等情况。随着我国经济的高速发展,"计划电"已不能适应中国电力的健康发展。为打破垄断、提高发电效率、降低发电成本,国家提出要逐步开放电力市场,并进行大范围内竞价上网试点工作,通过竞价使电力价格逐步市场化,捋顺电力供应、电力需求、发电成本间的关系,保障中国电力健康发展。随着竞价上网工作的推进,电力参与者表现出了新的变化。从发电侧来看,许多中、小型发电企业如一些民办民营水利工程参与到电力交易中,使得发电侧竞争加剧、拍卖频率和规模激增。从需求侧来看,放开用户选择权使拥有议价能力的大型电力消费者或非高耗能企业对电价表现出更高的敏感性。参与者的多样化和拍卖规模的激增为电价预测和政府监管带来新的挑战,在这种情况下,从理论和实证上分析电力参与者策略性投标行为、捋顺电力供求关系、精确预测市场均衡价格是十分重要的。

2. 还未建立适合直购电市场的定价机制

大用户与发电企业直接交易是对中国现有电力销售模式的一种大胆改革,打破了电网企业的垄断格局,在售电侧和发电侧同时引入竞争,有助于促进厂网分开,建立竞争性电力市场。2013 年,国务院发布的《关于取消和下放一批行政审批项目等事项的决定》中明确取消直购电试点,此后大用户直购电席卷中国各省市。但当前直购电工作也遇到了一些瓶颈,主要为:一是直购电交易市场化不充分,交易没有反映资源稀缺性,行政干预色彩浓重。如,所有开展直购电交易的省份,其准入条件、参与企业都由政府及相关部门挑选,参与直购电交易的企业非常有限;二是受政策的影响,我国零售电市场直接补贴和交叉补贴严重,零售电价较低,大用户直购电没有竞争力,且直购电交叉补贴问题不好处理;三是发电企业缺乏积极性。一方面,电力供应已从过去的"用电荒"发展至供过于求,开展直购电渠道势必会增加用电供给,导致市场电价下降,反而可能会影响发电企业收益;另一方面,侵占售电市场会影响原来售电企业与发电企业的合作,售电企业作为曾经的垄断行业利益很难撼动,这导致发电企业缺乏开展直购电工作的积极性。因此,对直购电市场进行剖析,研究发电企业、售电企业、大用户间的博弈关系以及收益变化,讨论大用户偏好对渠道竞争和定价的影响,对促进我国直购电市场发展有重要意义。

3. 补贴政策产生大量财政缺口

在高额补贴和政策优惠激励下,我国可再生能源发电行业飞速发展,风电和光伏发电作为可再生能源发电的代表,在开发技术和设备生产上已愈发成熟,但是可再生能源发电一直无法被有效地利用。主要表现为补贴资金缺口急剧膨胀,弃风、弃光、弃水("三弃")现象严重。面对我国可再生能源发电跳跃式发展,虽然近一年"三弃"现象有所好转,标杆价格也正逐年下调,但标杆电价下调幅度无法快速反映可再生能源发电成本的下降,电价调整缓冲期过长无法及时反映市场供需。我国资金缺口已从 2014 年的 140 亿元,到 2016

年突破 600 亿元,截至 2018 年底,补贴缺口累计已超过 1 100 亿元,解决补贴财政缺口问题迫在眉睫。关于如何调整补贴结构,发掘现有政策潜力,更有效率地激励可再生能源行业发展的问题,还未得到有效解决。

1.3　本书研究内容与方法

1.3.1　研究内容

自 2002 年电力体制改革实施以来,我国已从根本上改变了指令性计划体制和政企不分、厂网不分等问题,初步形成了电力市场主体多元化竞争格局。为进一步提高电力经营效率,降低发电成本,《关于进一步深化电力体制改革的若干意见》(中发〔2015〕9 号)文件明确提出了"管住中间、放开两头"的电力体制改革方针。三个"有序放开"作为此次改革重点和路径,为实现电力市场化改革、促进公平竞争和节能环保指明了方向。本书针对中国电力集中交易和多边交易两种主要电力交易模式,系统地分析发电企业、售电企业、大用户间的博弈行为机理,对发电企业的最优投标策略、市场电价变化规律以及最优价格激励机制进行研究。

1. 集中交易市场发电企业最优竞价模型

本书考虑发电企业间的成本信息不对称、电力交易成本、电力需求弹性,构建了统一市场出清价规则下多单元电力竞价模型,得到了可解析的市场贝叶斯纳什均衡。由于计算复杂性,当前经典研究大部分通过仿真技术来获得近似市场均衡,但市场仿真对初始值选取、迭代方法要求严格,在某些情况下会导致结果混沌。本书运用拍卖理论进行发电企业竞价建模,避免了数值仿真技术对初值的要求。此外,本书通过比较分析,探讨了弹性需求对电力市场效率的影响。结果表明,即使在竞争条件下,发电企业之间仍存在利用市场力的行为,这导致均衡电价上升,社会福利下降。但相较于非弹性需求拍卖而言,弹性需求拍卖是抑制发电企业行使市场力的有效途径。这一部分研究对发电企业策略行为分析、实时电价预测分析,以及现实电力运行有一定实践指导。

2. 集中交易市场可再生能源最优价格激励机制

经典的可再生能源补贴机制研究聚焦于弥补发电企业的未来收益或比较

不同激励机制的效果,很少考虑可再生能源发电过程中的信息不对称。本书针对可再生能源发电过程的间歇性、不确定性、高运营成本等特点,考虑发电企业发电过程中存在的道德风险动机,构建了基于委托—代理模型的可再生能源发电最优价格激励机制。运用连续时间随机最优控制,提出了成本相关价格补偿机制。补偿机制包含两部分:发电补偿和长时间停电威胁。一方面对发电企业按发电效率进行补偿;另一方面,对长期不使用可再生能源发电设备的企业进行财政处罚,以使得企业积极投入可再生能源发电中。本书证明了成本相关价格补偿机制可高效率地激励可再生能源发电,同时提高可再生能源市场竞争力,相较于固定价格补贴可有效降低国家财政赤字。该补贴机制及其扩展的提出为监管机构提供政策指导,为可再生能源政策设计提供决策支持。

3. 多边交易市场双渠道电力供应链最优定价策略

随着电力体制改革的推进以及直购电规模的进一步扩张,直购渠道势必会对零售电渠道产生冲击,尤其是发电企业不仅是大用户的供电方,还是售电企业的上游供电方。现有关于直购电渠道的相关研究主要对发电企业和大用户之间的博弈关系进行探讨,缺乏关于发电企业、售电企业以及用户需求三者博弈关系的系统研究。本书以电力双渠道购电模式为背景,从电力供应链的角度,构建发电企业和零售电企业的序贯竞争博弈模型,研究电力双渠道供应链最优定价策略。此外,本书聚焦于研究渠道竞争和用户购电偏好对发电企业和零售电企业定价策略、市场电价和用电需求的影响,为我国大用户直购电发展提出政策建议,为发电企业和零售电企业提供决策支持。此外,当前关于供应链策略信息共享的研究一般假设需求信息被真实共享或需求规模服从两点分布。本书将需求规模分布拓展至一般的连续分布,证明了当需求信息不对称时,售电企业的逆向选择动机将导致供应链定价扭曲,进而降低整体供应链的效率。此部分的研究拓展了供应链策略信息共享的相关研究。

1.3.2 研究方法

本书运用博弈论、激励理论、拍卖理论,采用文献研究、数学建模、数值仿真等研究方法,构建发电企业最优竞价和激励模型,研究政府、发电企业、售电企业、电力用户间的博弈关系,求解发电企业最优策略和电力市场均衡。借助MATLAB 2018a 作为绘图和计算工具。

1. 博弈论

博弈论适用于分析企业或团体内,各个博弈方在进行决策时,相互制约、相互竞争的规律和均衡,为各博弈方决策提供合理、科学的指导,为具有管理职能的政府和管理者提供政策意见。本书主要涉及关于博弈论中的三方面知识:首先,第 3 章运用静态博弈均衡理论,分析发电企业间的价格竞争关系,构建发电企业最优竞价模型,求解电力市场纳什均衡;其次,第 4 章运用动态博弈理论,分析发电企业最优决策并设计价格补偿机制,机制可达到促进可再生能源高效发展的目标;最后,第 5 章研究发电企业与售电企业之间的序贯博弈,运用多阶段博弈均衡理论,求解市场完美纳什均衡,得到均衡状态下发电企业和售电企业最优定价策略。

2. 激励理论

激励理论的发展是近 30 年经济学发展的主要成就(Laffoon 和 Martimort,2002)。当委托人(principle)委托代理人(agent)完成某一目标或者事情,且委托人与企业中成员目标不同时,激励问题就会出现。从委托—代理模型存在的原因可知,委托人委托代理人进行工作或完成任务时,委托人可能无法完全掌握代理人的全部信息,即信息不对称。信息不对称将造成代理过程中产生两方面的问题:逆向选择问题和道德风险问题。第 4 章我们就发电企业生产中的道德风险问题进行研究。政府委托具有专业知识和技能的发电企业进行可再生能源生产,由于政府无法验证发电企业的日常运营投入而导致发电企业存在道德风险问题。本书在此电力交易背景下,运用激励理论,设计价格激励机制以促进发电企业高效发展。第 5 章研究售电企业的逆向选择行为对供应链效率的影响,即发电企业由于无法掌握大用户需求导致售电企业通过策略性定价扭曲供应链的现象。

3. 拍卖理论

拍卖的本质也是一种激励机制,由于委托人不完全了解代理人的私人信息,通过拍卖机制可以增加代理人之间的竞争,进而减少委托人给代理人的信息租金。因此,拍卖要求代理人之间存在竞争关系,且代理人之间存在不完全信息。实践证明,拍卖机制是一种有效地买卖商品和服务的机制,不仅可以揭露代理人的私人信息,而且可以增加所有参与者的社会福利(Bonomo 等,2016)。由于电力行业具有很强的信息不对称,如发电成本信息不对称、可再生能源发电日常运营成本信息不对称等,电力拍卖是拍卖理论应用最广泛的一个领域。本书运用拍卖理论,对电力拍卖市场进行建模,分析代理人(发电企业)的竞价行为和最优策略,运用一般均衡理论分析市场均衡电价。

4. 数值仿真

数值仿真通过计算机模拟和图像表达的方式,完成对工程问题及相关问题的研究目标。本书第 3 章、第 4 章和第 5 章借助 MATLAB 对所得结论和相关定理进行验证,通过数值例子直观表达相关规律,并对一些重要参数进行敏感性分析。

第 2 章

中国电力市场交易模式

2.1　中国电力体制改革

2.1.1　中国电力体制改革进程

为遵循我国电力行业的发展规律，发挥资源的市场配置作用，建设与我国国情和经济发展相适应的电力市场运营模式，从 1997 年国家电力公司成立起，我国电力体制改革进程已有二十余年。我国电力体制改革进程可分为三个阶段。

第一阶段：1997—2001 年，从国家电力公司成立起，至《电力体制改革方案》颁布之前，是电力体制改革的初期。此改革时期提出了政企分开的发展战略，但是市场电价仍由政府部门制定，还没有探索市场化的电力交易模式，是电力体制改革的早期阶段。

第二阶段：2002—2014 年，"十五"期间电力改革时期。在 2002 年，随着国务院下发《电力体制改革方案》（国发〔2002〕5 号文，以下简称《5 号文》），标志着我国电力体制改革正式拉开帷幕。《5 号文》的主要目标为：打破电网企业的垄断地位，在需求侧引入竞争，降低发电企业成本，提高电力运营效率。通过设置竞争性的电价机制，优化资源配置，构建有序的、政企分开的、开放竞争的电力市场运营模式。

为完成目标，"十五"电力体制改革期间的主要进程分为四步：对发电企业和电网企业进行重组，实施厂网分开；实施竞价上网试点工作，在政府监管下建立市场化的电力交易模式和运营规则，初步建立供给侧和需求侧开放的、竞争性的新的电价机制；制定发电企业节能减排标准，建立可有效激励可再生能源发电行业发展的新机制;开展发电企业与大用户直接交易试点工作,从根本上改变电网企业独家买卖电力的垄断地位。随后 2007 年,国务院为进一步推进我国电力体制改革的步伐,颁布了《关于"十一五"深化电力体制改革的实施意见》(国办发〔2007〕19 号),再一次强调了《5 号文》的改革方向,正确处理改革、发展、安全和稳定的关系。

在该时期,改革的方向已经清晰,但是电改的步伐在此阶段依旧缓慢。关于《5 号文》的四步走,已完成了"厂网分离、主辅分开",竞价上网和输配分开在《5 号文》的推动下进行了试点工作,但是均以失败告终。首先,《5 号文》强调建设电力调度交易中心,实现发电企业的竞价上网机制,销售电价以上网价格为基础,建立与上网电价联动的售电机制。但是电价的波动势必会对经济和社会产生外部效应,与竞价上网相关的辅助服务、长期合同等问题也比较复杂,没有配套服务支持实现竞价上网机制。其次,大用户直购电试点出现了违规操作、地方政府干预等问题,直购电变成"优惠电"。在 2010 年,中央多部委叫停地方"直购电"试点,此后,中国直购电的发展进入低谷期。在低谷期的2010 年全年大用户直购电成交电量为 80.4 亿千瓦时,仅占全社会用电量的0.2%。最后,弃风、弃光在"十二五"期间达到了顶峰,新能源消纳问题成为主要矛盾。在可再生能源财政扶持和优先上网的政策推进下,可再生能源发电呈现爆炸式增长。至 2010 年,全国风电并网 41 827 MW,光伏装机已达893 MW,位居世界第一。但输电通道等配套设施的不完善导致新能源外送能力差,出现了"三北"地区大量弃风、弃光的现象。

第三阶段:2015 年至今,全面深化电力体制改革时期。从 2015 年 3 月颁布《关于进一步深化电力体制改革的若干意见》(中发〔2015〕9 号,以下简称《9号文》)开始,我国电力体制改革进入了全面探索的新时期。与《5 号文》不同,此次意见基于中国电力体制现状,提出"管住中间、放开两头"的策略方针,逐步放开除输配电以外的竞争性电价,建立适合我国国情的电价机制,进一步推进电力体制改革,保证电力高效可靠的供应。此次《9 号文》提出的主要任务分为三个方面:捋顺电价形成机制,上网电价由发电企业、售电企业和用户通过竞价、协商等方式确定;完善直购电市场中发电企业、大用户和售电企业的准入条件,包括电压等级、碳排放水平、能耗水平等,保证大用户直购电市场的有序发展;引导电力市场多主体直接交易。有序实现发电企业、售电企业和电力用户自由直接交易,保障电力体制的健康、有序发展。随后在 2015 年 11 月,针对《9 号文》提出的目标和主要任务，国家发改委颁布的《关于印发电力体制改革配套文件的通知》（发改经体〔2015〕2750 号）提出了 6 个电力体制改革配套文件：《关于推进输配电价改革的实施意见》《关于推进电力市场建设的实施意见》《关于电力交易机构组建和规范运行的实施意见》《关于有序放开发用电计划的实施意见》《关于推进售电侧改革的实施意见》《关于加强和规范燃煤自备电厂监督管理的指导意见》。至此，电力体制改革进入了新的探索阶段。

基于我国电力体制改革进程以及 6 个相关配套文件，我国电力市场以建设现货市场和中长期市场为目标，有序开展竞争性环节、用电计划电价，扩大直接交易的规模及参与主体类型。选择相适应的地方开展试点工作，建设现货市场交易和中长期市场交易。其中，现货日前市场主要开展实时、日内或者日前电量交易和辅助服务交易，以竞价上网方式为试点。而中长期市场主要开展基于年、季、月、周等周期内的电力交易和辅助服务交易，以电力批发价合同为主。市场交易模式分为集中交易和多边交易两种。集中交易以现货交易为主，采用全电量集中竞价的电力市场模式。多边交易以中长期合同市场为基础，其中日前发电量由发电企业和用电企业自行商议。

表 2.1　我国电力体制改革主要政策意见和主要内容

年　份	政策/重要事件	主　要　内　容
1997	国家电力公司成立	形式上实施政企分离（后撤销）
2002	《电力体制改革方案》	提出厂网分离、竞价上网、直购电试点
2003	《电价改革方案》	建设发电侧竞争性上网电价 建设有利于电网发展的输配电价 建设与上网电价联动的销售电价
2004	标杆电价政策实施	实施传统能源发电标杆电价 可再生能源发电标杆补贴电价
2007	《关于"十一五"深化电力体制改革的实施意见》	强调《5 号文》的改革方向，正确处理改革、发展、安全和稳定的关系
2015	《关于进一步深化电力体制改革的若干意见》	提出"管住中间、放开两头"的策略方针
2015	《关于印发电力体制改革配套文件的通知》	电力市场改革 6 个配套文件

年　份	政策/重要事件	主　要　内　容
2020	《关于做好电力现货市场试点连续试结算相关工作的通知》《电力中长期交易基本规则》《省级电网输配电价定价办法》	电力中长期交易和现货市场试点工作开展
2021	《关于进一步深化燃煤发电上网电价市场化改革的通知》	有序放开全部燃煤发电电量上网电价、扩大市场交易电价上下浮动范围

2.1.2　中国电力市场化程度

随着 2015 年《9 号文》的颁布,电力市场化改革席卷全国。截至 2019 年,我国 20 个省份相继成立了电力交易中心,除港澳台三地外,全国 24 个省份开展了不同程度、不同交易模式的市场化交易试点,分别是:广东、浙江、江苏、山东、安徽、云南、黑龙江、吉林、辽宁、湖北、湖南、四川、江西、甘肃、贵州、宁夏、广西、陕西、山西、河南、重庆、福建、内蒙古和新疆。其中主要试点省(自治区)的交易模式如表 2.2 所示。

表 2.2　主要省份交易模式对比

省　份	市场化交易模式
浙　江	年度双边协商,月度竞价交易
江　苏	年度双边协商,月度集中竞价
广　东	双边协商为主,集中竞价为辅
广　西	年度双边协商和挂牌,月度集中竞价和合约电量转让
山　东	双边协商为主,集中竞价为辅
山　西	自主协商,集中竞价撮合
河　南	双边协商,集中竞价,挂牌招标
安　徽	三年(以上)双边交易,年度双边交易和集中交易,月度集中交易
云　南	双边协商,集中竞价,集中撮合

续　表

省　份	市场化交易模式
贵　州	双边协商交易为主,竞价交易等多种方式为辅
辽　宁	双边协商,撮合交易,挂牌交易
甘　肃	双边协商,集中竞价交易
陕　西	集中协商为主,集中交易为辅

资料来源:各试点省份相关部门颁布的《电力市场交易规则》和《直接交易试点实施方案》。

从表 2.2 中可以看出我国大部分试点省份采用双边协商和集中竞价两种模式结合的方式进行电力交易。由于每个试点省份经济基础、电力交易基础、自然条件以及社会环境不同,所采取的交易模式也有所偏差。其中,浙江、江苏、广东、山东是目前我国电力市场化交易程度最高的省份,其交易模式比较简单,浙江和江苏采取年度双边协商、月度竞价交易模式,广东和山东采取双边协商为主、集中竞价为辅的交易模式。而甘肃、云南和贵州等电力交易受多方制约比较复杂,且重新启动大用户直购电比较晚,因此需要挂牌招标、集中撮合、发电权交易等多种交易模式配合双边协商和集中竞价共同促进电力市场化交易。双边协商以长期合同为基础,集中竞价以月结、日结等短期拍卖为基础。经过这两年的试点,改革实践证明两种交易模式缺一不可,相辅相成,共同促进我国电力体制改革发展。当前我国电力市场化交易已取得了惊人的进展和傲人的成绩。

据统计,2017 年,我国市场化交易总电量(含发电权交易电量、不含抽水蓄能低谷抽水交易电量等特殊交易电量)达 16 324 亿千瓦时,占全社会用电量比重达到 25.9%(中国电力企业联合会,2018)。其中江苏、广东、浙江是市场化交易电量最高的省份,成交电量分别为 1 618 亿千瓦时、1 471 亿千瓦时、1 302 亿千瓦时。蒙西和云南的市场化交易电量占省总电量百分比最高,市场化程度分别为 68.5% 和 65.7%(见图 2.1)。

2018 年是我国电力交易市场化程度较高的一年,各试点省份市场化交易电量和市场化比重都有大幅度的提高。全年市场化交易电量达 20 654 亿千瓦时,同比 2017 年增长 26.5%,占全社会用电量的 30.2%,同比增长 4.3 个百分点(中国电力企业联合会,2019)。各个省份的直接交易量相较 2017 年也有

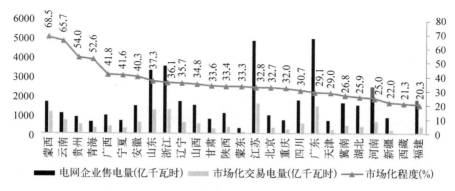

图 2.1　2017 年主要试点省份(地区)市场化电量

数据来源：中国电力企业联合会、各省市统计年鉴。

了新的提升，其中江苏的市场化程度增速最快，电力交易电量较 2017 年同比增长 15 个百分点。江苏、广东、山东、浙江四省依旧保持电力市场化改革的最高规模，成交量分别为 2 657 亿千瓦时、1 805 亿千瓦时、1 783 亿千瓦时、1 470 亿千瓦时(见图 2.2)。

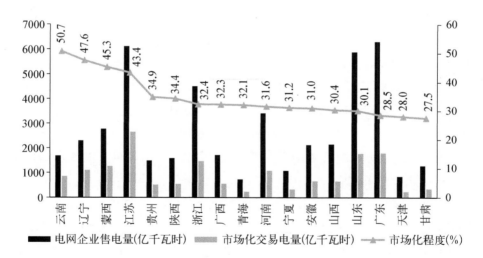

图 2.2　2018 年主要试点省份(地区)市场化电量

数据来源：中国电力企业联合会、各省市统计年鉴。

近年来，我国市场化交易电量持续上升。国家能源局数据显示，2023 年 1 月至 12 月，全国市场化交易电量为 5.7 万亿千瓦时，同比增长 7.9%，占全社会用电量比例为 61.4%，比上年提高 0.6 个百分点(见图 2.3)。

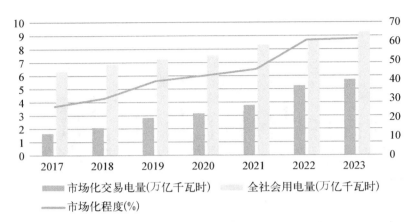

图 2.3　2017—2023 年全国市场化交易电量

数据来源：中国电力企业联合会、各省市统计年鉴。

2018 年是可再生能源市场化改革的第一年，也是改革颇有成效的一年。过去我国可再生能源发电由于成本较高、发电技术不够成熟、发电不稳定等特点，导致可再生能源电力缺乏市场竞争力。为促进可再生能源发展，我国一直采用按地区、分区域的标杆电价补贴机制，且可再生能源电力享有优先上网的政策优惠。随着技术的进步和可再生能源发电成本的降低，近年来我国可再生能源发电，尤其是风电愈发具有竞争力，而我国财政补贴缺口却日益增加。2018 年 5 月，国家能源局发布《关于 2018 年度风电建设管理有关要求的通知》（国能发新能[2018]47 号），通知指明，2018 年我国未确定投资主体的海上风电项目应全部通过竞争方式配置和确定上网电价。2019 年我国海上风电项目应全部通过竞争方式配置和确定上网电价。至此，我国可再生能源市场化交易改革正式拉开了帷幕。

在 2018 年，云南、新疆、内蒙古、青海、宁夏、甘肃、黑龙江、辽宁、吉林等省份相继展开了风电市场化交易试点，2018 年风电市场化交易电量较比 2017 年有了大幅度的提升，如图 2.4 所示（中国电力企业联合会，2019）。其中，云南、新疆、内蒙古和甘肃四省的电力市场化交易电量最高，年交易量分别为 138 亿千瓦时、119.2 亿千瓦时、105 亿千瓦时和 104.6 亿千瓦时。其中，青海、云南、宁夏的市场化竞争程度最高，分别占省总风电上网电量的 68.9%、62.8% 和 46.6%。但是，新疆、内蒙古和甘肃的弃风率仍然居高不下，弃风率分别为 23%、10% 和 19%，2018 年三省弃风电量达 233 亿千瓦时，占全国弃风电量的

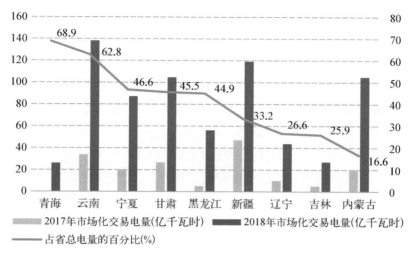

图 2.4 2017—2018 年主要试点省份风电市场化交易电量

数据来源：中国电力企业联合会、各省市统计年鉴。

84%（国家能源局，2019）。

经过三年的试点工作，2021 年 9 月，国家电网和南方电网联合正式启动我国首次绿色电力交易，共 17 个省份 259 家市场主体参与，达成交易电量 79.35 亿千瓦时，开启了绿电消费新模式。至此，我国新能源电力市场化交易规模呈指数型增长。2023 年，新能源逐步进入电力市场，市场化交易电量为 6 848 亿千瓦时，占新能源总发电量的 47.3%（见图 2.5）。

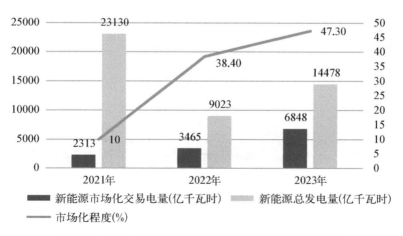

图 2.5 2021—2023 年我国新能源电力市场化交易电量

数据来源：中国电力企业联合会、各省市统计年鉴。

综上所述,中国电力市场化改革成效显著,传统能源电力市场化交易已初具规模,竞争性交易电量占全社会用电量的 61.4%。可再生能源发电也相继开展了市场化交易改革试点,市场化程度达 47.3%。在电力体制改革持续推进下,2024 年我国电力市场化交易程度将更上一层楼。因此,缕清市场化交易下发电企业、售电企业、用户需求之间的博弈关系,对政府监管市场电价、制定电力市场发展战略,以及对电力市场稳定都十分重要。

根据我国市场化交易模式的不同,本书将电力交易模式分为集中交易模式和多边交易模式两种。其中集中交易以日前、月度等现货交易为基础,多边交易以年度自主协商为基础。接下来的章节对集中交易模式和双边交易模式的构成及现状进行系统的分析。

2.2 电力集中交易模式

集中交易采用现货市场全电量集中竞价的方式进行电力市场交易。以中国为例,以区域电网企业为范围,建设一个或者多个相对独立的电力交易机构,以组织和实施发电竞价上网。多个电力交易调度中心之间为开放性市场,其市场结构如图 2.6 所示。全国已有 34 个试点省市建立了电力交易调度,包括昆明、江苏、天津、山西、福建、河北、北京、广东、宁夏、重庆、内蒙古、湖南、青海等。

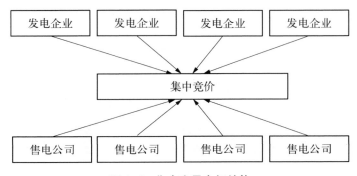

图 2.6 集中交易市场结构

集中交易以竞价拍卖为主要交易模式。在过去的垄断电力市场中,无论如何设计市场运营规则,都无法保证实现竞争性的电价和最大化电力运营效率。通过电力体制改革将发电企业、售电企业和电网企业明确分离开来,引入拍卖机制,形成竞争性的电价,实现更好、更高效的资源配置。目前世界各国电力市场中比较普遍的电力市场参与者包括发电企业、零售电企业、独立系统运营商/输电系统运营商三类。

2.2.1 传统电力集中竞价

拍卖机制是指通过一系列明确的规则和买卖双方竞价所决定的价格来决定资源分配的一种市场机制,是一种潜在有效的买卖商品和服务的机制,它可以起到公开私人信息并增加所有参与者的社会福利的作用(Bonomo 等,2016)。从理论上看,多个买家和卖家构成的传统经济模型,都是以给定的市场价格为基础,缺乏解释价格的由来(Mcafee 和 Mcmillan,1987),但拍卖机制提供了一种明确的定价模型。迄今为止,学术上更多的注意力集中在四种拍卖机制上:英式拍卖/增价拍卖(English auction)、密封竞价拍卖(sealed-bid auction)、荷兰式拍卖/喊价逐步降低的拍卖(Dutch auction)和第二价格拍卖(second-price auction)。William Vickrey 首先提出了基于私人信息的拍卖博弈均衡,结果表明四个拍卖机制为参与者带来了相同的预期收入(Samuelson,2014)。如今,拍卖在越来越多的交易中使用——从互联网销售到无线频谱销售。其中非对称信息拍卖机制的一个最普遍实例是电力市场拍卖。由于电力具有不可替代性、输电约束和寡头垄断结构等特征,使得电力市场更接近于寡头垄断市场。为了提高寡头垄断市场的经济效率,减少信息不对称,中国、英国、西班牙等国家纷纷通过拍卖机制进行电力交易。

拍卖作为电力交易方式被广泛地应用于越来越多的国家,如英国、法国、荷兰等,从 2009 年的 21 个国家至 2014 年的 45 个国家(REN21,2013)。根据拍卖规则不同,当前世界主要实施两种电力拍卖方式进行电力市场交易:基于电力库拍卖(pool-based auction)和双边拍卖(bilateral auction)。

1. 基于电力库拍卖

基于电力库拍卖是一种集中式的电力市场交易模式,也被称作电力联营体交易模式。在这种模式下,电力的卖方和买方将他们的报价提交给电力库,以便在市场中进行交易。电力库作为结算中心,负责市场买卖双方的结算,而独立系统运营商(Independent System Operator,ISO)(相当于操作员)执行经济调度,并计算出单一或现货电价,为市场参与者提供清晰的信号来决定消费和投资。基于电力库拍卖是非常适合电力市场改革初期的过渡形式,具有价格发现作用。

在电力库拍卖模式下,所有发电企业都将电力出售给 ISO。同样地,电力消费者需要向 ISO 提供电力需求曲线,通过 ISO 进行电力购买。ISO 除了负责组织电力拍卖外,还负责电力系统的可靠性以及传输阻塞管理。在电力拍卖过程中,对发电企业而言,ISO 是唯一的买方,对电力消费者而言,ISO 是唯一的卖方。每个发电企业基于不同的成本和电量,投标策略也各不相同。每个电力用户的偏好不同,使得电力需求曲线为不确定的价格响应函数。基于投标曲线和市场需求,ISO 根据市场供需关系确定市场出清价格和市场出清数量。大部分电力库拍卖采取统一市场出清价格规则进行市场出清。

日前市场(Day-ahead Market)则是基于电力库拍卖中最重要的一个环节,它是指在实际用电前一日进行拍卖,在用电日进行结算的电力交易方式。日前市场的目的是满足短期负荷不平衡的需求,反映的是短期的供需平衡关系和生产成本。大多数国家有集中交易特征的电力市场都是以日前市场的形式进行组织的,如英国、阿根廷、智利、澳大利亚。在这种日前市场中,发电企业需要预测实际用电日每个交易间隔的需求,并在用电日的前一天向电力库提供报价策略,通过 ISO 进行电力交易,在实际用电日进行结算。

当前,我国浙江省、山东省、上海市、辽宁省、吉林省、黑龙江省 6 个竞价上网试点省市,全部采用基于电力库拍卖的模式进行电力交易,通过统一市场出清价格规则进行电能量交易和辅助服务交易。需求侧电价采取市场统一出清价格,发电侧电价可以采取统一市场出清价格,也可采取分区电价。

2. 双边拍卖

由于电力市场中有多个发电企业和多个电力消费者,电力体制改革后期的很多国家普遍采取双边拍卖的电力交易模式。双边拍卖的流行源于其操作简单,以及可以对不断变化的市场条件做出快速反应。在密封双边拍卖的每一个交易间隔中,每个发电企业提交一个可以被所有参与者看见的投标策略。同样地,电力需求者也提交一个可以被所有参与者看见的投标策略。电力买入价格由最高到最低排列,形成需求函数,卖出价从最低到最高排列,形成供给函数。与基于电力库拍卖模式类似,供需函数的交点决定了市场出清数量。在双边拍卖中,不仅可以根据统一市场出清价格规则决定统一出清电价,也可以通过差别电价来实现电力交易,即当电力需求者的投标被某些发电企业接受时,那么买卖双方以双方投标价格的折中价格进行交易,同样地,发电企业的投标被某些电力需求者接受,以折中双方投标价格进行交易。所有交易必须向 ISO 公布,ISO 对每个时间段的交易进行分析,并确定哪些交易不受电网安全限制,但是 ISO 不需要知道发电企业和电力需求者的投标策略、市场需求等投标信息。

双边拍卖适合发电企业和电力需求者数量足够大的电力交易市场。当拍卖参与者比较多时,双边拍卖的效率优于电力库拍卖(Genc,2012)。即,双边拍卖是一个适用于电力体制改革后期,或者是成熟的开放日前拍卖市场的交易模式。但是在双边拍卖中,多个持有私人信息的电力参与者是如何通过交易过程快速、准确地达到竞争均衡价格和分配的,一直是一个谜。

2.2.2　可再生能源电力集中竞价

与传统电力拍卖市场不同,我国可再生能源电力拥有发电补偿和优先上网的特权。我国可再生能源竞价上网的实践与研究仍处于起步阶段,当前还没有开始大规模实施可再生能源发电竞价上网试点。2018 年 5 月,国家能源局印发的《关于 2018 年度风电建设管理有关要求的通知》指出,力图通过电力资源优化配置,促进可再生能源消纳,2019 年起风电开始全面执行竞价上网,我国可再生能源发电通过直接交易、市场化竞标等方式进行优先上网。

虽然我国清洁能源竞价上网还未大规模试点和实施,但是根据其他国家已有的招标情况显示,招标机制总是可以获得比政策预期更低的电价,从而降低补贴资金需求总量,可再生能源招标有可能成为未来电价政策的主流。当前可再生能源拍卖一般基于中长期合同,发电企业基于对未来发电成本、容量的预测对可再生能源发电量进行投标。但是由于可再生能源发电的不确定性以及技术水平变化的不确定性,远期可再生能源电力交易拍卖会导致一些关于效率的问题。实证分析表明,远期拍卖对小型发电企业是不适合的。其主要原因是由信息获取困难和融资困难两方面共同导致小型发电企业竞争受负面影响。虽然可再生能源生产受到国家的支持和政策鼓励,但是由于可再生能源发电的间歇性、配套设施不完善(传输成本过高)以及政策的短期性,使得可再生能源发电市场的不确定性很强。研究表明远期拍卖更适合大型发电企业,且大型发电设施有助于规模经济。此外,一些投资项目本身规模很大(如海上风能和集中太阳能),远期拍卖可能特别适合这些技术。

随着可再生能源发电数量和技术水平的提升,可再生能源电量参与日前(day-ahead)电力市场拍卖成为流行趋势。例如,美国成立了 MISO 机构(Midcontinent Independent System Operator),专门服务于日前可再生能源竞价上网机制(Sunar 和 Birge,2018)。这一举措使得 MISO 在日前电力市场上安排了大量的风力发电。仅 2014 年一年,市场出清了 3 500 万兆瓦时的风力发电。此外,美国其他区域电力市场(如 PJM 和 ISO-NE)也实施了允许更多风力发电参与日前电力市场调度的推广政策。中国的《能源发展"十三五"规划》同样明确提出需要建设区域电力现货市场和辅助服务市场,利用市场机制解决当前弃电问题,更好地配置可再生资源。实证研究表明,目前可再生能源电力市场相比远期合同更有利于小型发电企业的参与,且对较小可再生能源项目的推广有着促进作用。

因此,本书基于目前可再生能源电力市场,研究价格补贴机制下的发电企业最优投标策略以及最优均衡电价。当可再生能源参与日前市场拍卖时,发电企业基于对明日发电量预测对可再生能源发电进行投标。由于发电成本不同、日常运营投入成本不同,发电企业的策略性投标行为会影响市场出清价格和补贴的制定。此外,除了成本补贴机制,文章还考虑了潜在的可再生能源惩罚机制,对长期不采取可再生能源发电的发电企业,或者由于成本过高导致失标或者故意失标的发电企业进行财政处罚,以激励发电企业在可再生能源市场中持续投入并积极降低可再生能源发电成本。

2.2.3 市场出清价格规则

当前电力市场普遍采用两种拍卖结算规则进行日前电力交易:统一市场出清价格拍卖(uniform clearing price auction,UCP 拍卖)和按报价支付的竞价机制(pay-as-bid auction,PAB 拍卖)。

UCP 拍卖是一种特殊的一次价格封闭式竞价拍卖形式,是电力批发市场中最常采用的拍卖机制。在统一市场出清价格拍卖中,所有参与者根据需求信息和预期利润同时、独立地向独立系统运营商提交投标曲线。低价参与者首先被分配,市场清算价格(market clearing prices,MCPs)是满足需求的最高价格。统一出清价格有助于对电力产品的价值有一个直观的预期,其易于操作性使得各国电力市场普遍采取该种交易规则。以中国为例,我国 6 个日前电力交易市场中除上海外均采用统一市场出清价格拍卖价机制。

而 PAB 拍卖是差别定价的一种拍卖机制,也是电力市场中常见的交易机制。在 PAB 竞价机制下,发电商同样根据市场需求、发电成本以及预期收益同时、独立地向 ISO 提交投标曲线。其分配规则与 UCP 拍卖相同,低价参与者首先被分配,直到满足市场需求为止。与 UCP 拍卖不同的是,在 PAB 拍卖规则下发电商的结算价格与其投标价格相等。不同的定价规则将导致发电商不同的投标策略,研究这两种拍卖规则下的市场均衡和拍卖效率对更好地监管电力市场、抑制发电商的市场力、促进电力市场的健康发展十分重要。

早在 1995 年,Noussair(1995)就对 UCP 拍卖和 PAB 拍卖的市场效率进行了对比研究,直至今日两个拍卖的效率分析仍是研究热点。如近年,Federico 和 Rahman(2013)运用博弈论的知识研究了需求不确定情况下,UCP 拍卖和 PAB 拍卖对收益和产出、消费者剩余以及社会福利的影响。结果表明,UCP 拍卖这种"粗犷的"拍卖方式允许参与者对供应函数进行竞争,即使在静态的相互竞争的作用下也能实现互利的价格均衡,在重复博弈的情况下(即使在需求不确定的情况下),也能实现发电商潜在的收益最大化。而 PAB 拍卖规则迫使参与者在价格上竞争以消除这些优势。即虽然 PAB 拍卖可以有效增加消费者剩余,但是也会导致产出收缩(output-contraction)。更多的文献通过实证、实验等方法讨论 PAB 拍卖和 UCP 拍卖在实际电力市场中的效率。如基于英格兰和威尔士电力市场改革背景下,Bower 和 Bunn(2001)通过基于多 agent 仿真研究了 UCP 拍卖和 PAB 拍卖对发电商行为和市场价格的影响,结果表明 PAB 拍卖导致市场价格高于 UCP 拍卖,与理论研究相符,其原因在于由于 PAB 拍卖成交价格不公开,所以拥有更大市场份额的发电商在 PAB 拍卖中拥有明显的信息优势,因此面临的竞争压力较小。Kagel 和 Dan(2010)运用实验经济学的方法对比了两种分配机制,得出期望使用 PAB 拍卖代替 UCP 拍卖抑制发电商的市场力是不合理的。

从关于两种机制对比的文献中可以看出,PAB 拍卖和 UCP 拍卖各有优缺点。其中,PAB 拍卖侧重于电力参与者的收益最大化,而 UCP 拍卖更关注消费者福利最大化(李晓刚等,2003)。从价格竞争方面看,无论 PAB 拍卖还是 UCP 拍卖,发电商都有高于边际成本报价的动机和行为,其中,PAB 拍卖偏离成本报价的现象更加严重。从数量竞争来看,在 UCP 拍卖机制下,发电商存在容量持留以提高市场出清价格,获得超额利润的动机和行为。在 PAB 拍卖机制下,由于发电商的成交价格等于投标价格,因此不存在容量持留的现象。但是在供应严重不足时,PAB拍卖也存在先持留容量再通过高报价提高收益的现象。从信号传递方面看,UCP拍卖可以有效地传递出市场电力供需情况,为电力监管提供帮助,而PAB拍卖为一人一价分配原则,无法传递直观传递有效的市场信号、供求关系等。

综上所述,UCP拍卖在实际应用方面和市场效率方面均不比PAB拍卖差(Aliabadi等,2017)。2015年我国电改配套文件通知(发改经体〔2015〕2752)的6个文件指出,我国电力交易竞价上网实施统一市场出清价格规则。因此,本书主要基于日前市场UCP规则拍卖,研究发电企业的最优投标策略、市场均衡以及社会福利变化规律。

2.3　电力多边交易模式

电力多边交易指发电企业、售电企业和大用户之间以协商、撮合等方式,通过合同的形式进行的电力交易。我国多边交易的电力类型包括直购电交易、基于框架协议的跨省区电力交易以及发电权交易三种,其中直购电交易为多边交易的主体部分。直购电指的是发电企业与终端的大用户通过协商或撮合的方式签订电力交易合同,委托电网企业将合同电量输配给大用户企业,电网企业收取输配服务的费用,其市场结构如图2.7所示。

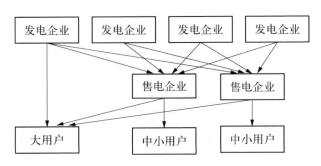

图2.7　多边交易市场结构

随着2004年《电力用户向发电企业直接购电试点暂行办法》的颁布,我国大用户直购电如火如荼地发展起来,不同省份相继开展了一系列的大用户与发电企业的直接交易试点,到目前为止已取得了阶段性的成绩和丰富的经验。

从 2004 年的部分省份的试点项目,到 2013 年国家能源局宣布包括"电力用户向发电企业直接购电试点"在内的一批能源领域的行政审批事项被取消或者下放,截至 2015 年,大用户直购电省份迅速增长至 24 个。

从理论上而言,建立大用户直购电市场,开展竞价上网或者以协商的模式确定协议电量和电价,使得发电侧和需求侧的同步放开,有助于促进电力体制的改革,完成计划性的电力市场向竞争性的电力市场的转变,使得用户和发电企业都增加了选择权和议价能力,使得市场价格真实地反应电力供需关系,有助于促进我国电力行业健康发展。但是我国大用户直购电改革在 2010 年到 2013 年间曾出现暂缓和叫停的问题。由于我国输配电垄断性强,输配价格受到交叉补贴的影响而低于竞争性市场价格,且输配电价由政府或相关部门审批确定,导致直购电价没有竞争力,发电企业开展直购电的积极性不强。其中,大用户直购电的突出问题为地方政府的行政干预非常强。为了达成电改目标,强制直购电价格下降为"优惠电",撮合大用户和发电企业的交易,违背了电力供需的关系。此外,高耗能的大用户享受低廉电价也不利于我国环境保护和节能减排。随后,2011 年国家发改委发布《关于整顿规范电价秩序的通知》,对擅自开展大用户直购电市场的行为,或者以大用户试点或者其他名义为由降低电价的行为进行叫停和整顿,后随着 2013 年简政放权的实施到 2015 年《9 号文》的公布以及国企改革进程的加快,中国大用户直购电企业再一次迅猛发展。

与之前的电力直购电市场不同,此次改革强调在推进大用户与发电企业直接交易的同时,完善发电企业和大用户的准入条件、交易数量以及交易制度等,扩大交易范围和规模。此外,为解决高耗能的问题,部分省份试点了可再生能源发电参与直接交易并取得了很好的反响。因此,对大用户直购电市场进行研究,探讨大用户直购电的发展路径及直购电参与者的市场行为,对我国建立电力市场化交易有重要的意义。

2.4　电力交易模式对比

根据上述分析可知,我国电力市场化交易以多边交易模式为主,集中竞价模式为辅,两者相辅相成,共同构成我国电力体制交易市场。其中集中交易模式与多边交易模式的优劣势对比以及适用性条件如表 2.3 所示。

表 2.3 电力交易模式适用性及优劣性对比

交易模式	集中交易模式		多边交易模式
	电力库拍卖	双边拍卖	
市场构成	现货市场(日前、日内、实时电能量和辅助服务交易)		中长期市场(年、季、月、周等电能量和辅助服务交易)
交易基础	全电量竞价交易(差价合同)		以中长期实物合同为基础
交易方式	集中竞价		鼓励自行协商,配合撮合
价格波动性	价格波动小		价格波动性大
适用性	参与人数偏少	参与人数偏多	需要准入条件
出清价格	统一出清、统一安排		仅设定价格上限、价格下限
市场占比	占比小		占比大
优点	发现价格,引导用户合理用电		赋予用户选择权,逐步放开售电侧市场
缺点	存在垄断性质的市场结构、运营成本高		缺乏价格发现机制、监管成本高

从电力体制改革至今,两种交易模式对我国电力市场化交易有一定的促进作用,也在实践中遇到过很多阻碍。如,多边交易市场在 2010 年出现的交易不规范、地方政府干预以及直购电变优惠电的情况。但是随着简政放权的提出以及相关政策的完善,多边交易市场目前是对赋予用户选择权,逐步放开售电侧市场最有效率的政策。而集中竞价市场以发现价格、引导用户合理用电为目标成立,是促进需求侧放开,揭示市场供需情况的有利政策。

除此之外,我国各省市之间无论在资源禀赋方面、经济发展方面还是在用电需求方面都各不相同,因此各个省份的市场交易结构也应有所不同;选择适合的电力市场交易模式,还需要结合各个省份的实际、不同改革时段,通过借鉴其他国家的经验,科学、理性地进行选择。

第3章

集中交易下传统发电企业最优竞价策略及均衡

3.1 发电企业投标策略相关研究

集中交易下发电企业投标策略的研究一直是学术研究的热点。随着电力体制改革的不断推进,需求侧改革促使电力需求从原来的固定非弹性需求转变为不确定的价格响应需求。需求的转变不仅使发电企业的投标策略、市场力行使以及收益分配发生改变,而且对出清电价、均衡电量和社会福利产生影响。在本章中,我们先回顾非弹性需求下的经典电力拍卖模型,然后介绍价格响应需求下的电力拍卖研究进展。

3.1.1 非弹性需求下的投标策略研究

在早先的研究中,很多学者基于非弹性固定需求拍卖,通过博弈论研究参与者的最优投标策略并分析电力市场均衡。博弈模型通过分析发电企业之间的相互作用,通过求解纳什均衡获得电力市场的经济均衡。例如,Hao(2000)基于市场需求是已知的外生变量,分析以最大化收益为目标的发电企业的最优投标价格。其文章假设发电企业的边际成本是私有信息,每个发电企业投标1单位的产量,所有参与者的边际成本服从一般的连续分布函数,发电企业间存在价格竞争(Bertrand 竞争)。结果表明,发电企业有动机以高于真实发电成本的价格进行投标,也就是说,发电企业有动机利用非对称信息行使市场力。2007 年,Kang 等对该投标模型进行了拓展,比较分析了当需求是固定和不确定的时候,双人(两个发电企业)博弈下的最优投标策略模型。结果表明,准确的需求预测有助于发电企业在价格博弈中获得优势。

除了价格竞争,供应函数均衡理论(supply function equilibrium, SFE)也

是刻画参与者如何相互作用达到收益最大化的有效方法。供应函数均衡首次提出于 1989 年,Klemperer 和 Meyer(1989)认为参与者的决策应该是供应函数,这样更符合电力市场中企业的真实竞价策略,而不仅仅是投标价格或投标数量。此后,求解 SFE 模型下发电企业的竞价策略成为学术界的一个热点问题。如 Li 和 Shahidehpour(2005)基于不确定非弹性需求假设,提出了不完全信息下具有传输约束的电力市场竞价模型,并讨论了市场纳什均衡。与 Hao(2000)的研究类似,发电企业不知道对手的成本类型,但是可以通过概率分布来估计对手的成本类型。基于该模型,Banaei 等(2016)讨论了在可再生能源市场中,风力发电企业的最优投标策略,Rahimiyan 等(2016)基于该模型研究了 ISO 的最优调度问题。但是,SFE 模型需要设置严格的约束条件,否则很难满足对拥塞条件、容量限制有要求的大型拍卖系统(Li 等,2011)。目前 SFE 模型广泛应用于中小型电力拍卖系统。

在非弹性需求拍卖的背景下,仿真和实验也是刻画发电企业投标行为的有效工具,如 Agent 仿真(Aliabadi 等,2017;Aparicio 等,2017)、演化仿真(Wang 等,2011),混合迭代仿真(Jain 等,2015;Soleymani,2011)等。仿真方法通常将发电企业的最优策略作为一个成本最小化问题(cost-minimization problem)来处理,并通过与成本相关的算法(cost-based algorithms)来解决。如 Aliabadi 等(2017)基于 Agent 仿真研究了两种市场出清价格拍卖(统一市场出清价格规则、按报价支付的竞价规则)下,发电企业的最优投标策略,发电企业通过在每小时的重复拍卖中动态学习,并根据 Q-学习算法更新经验调整自己的投标策略。通过对比统一市场出清价格机制和按投标报价的支付机制下发电企业的最优投标价格和市场均衡情况,发现按投标报价的支付机制与随机配给政策相结合的政策,可以使发电企业的整体收益最大化。Yin(2007)基于不完全市场信息,采用实际数据预测每一个对手的期望投标数量。通过支持向量机(support vector machine,SVM)寻找投标数量与市场出清价格之间的非线性关系,后通过蒙特卡罗模拟预测了竞争对手发电企业的行为并模拟了市场清算价格。仿真算法对初始估计和迭代步骤的要求是比较严格的,与博弈模型相比,电力市场仿真并不能提供公式化的投标策略(Xu,2016)。此外,与 SFE 分析市场均衡相同,仿真适用于中小系统拍卖中发电企业行为分析和电价预测。当市场参与者激增以及市场不确定性增加时,市场仿真寻找市场均衡是一个复杂的过程。相关文献的仿真实验,如 Wang 等(2011)与

Atakan 和 Ekmekci(2014)的研究表明,在某些情况下,电力市场均衡结果与初始估计直接相关。换句话说,迭代算法或学习算法对初始估计是严格的,若初始估计不恰当,结果可能造成混沌。

3.1.2　需求响应下的投标策略研究

电力需求特性,如季节性、时间波动性和价格反应性,是影响发电企业投标行为的一个关键因素,近些年来受到了越来越多的关注(Soleymani,2011)。随着电力体制改革的逐步推进,建立以市场为导向的电力交易机制使得有议价能力的电力消费者对电价表现出了敏感性。此外,随着有谈判能力的大用户的参与,电力需求进一步从固定非弹性向弹性需求转变。根据经济学知识,增加需求侧弹性有助于提升电力消费者与发电企业讨价还价的能力,提高消费者剩余和社会福利,促进电力市场化竞争。关于电力需求侧放开或有关需求弹性的研究,大部分集中于通过实证或实验的方式研究如何策略地增加消费者的用电弹性,如在不同交易时间间隔内,策略性地改变消费者负荷分布、在高峰电价时提供经济刺激减少需求等(Wang 等,2004;Li 和 Shahidehpour,2005)。与其他商品相比,电力的需求弹性较低,但即使是较低的需求弹性也会导致市场价格的大幅度变化。因此,讨论不同需求弹性下发电企业的最优投标策略是十分重要的。在寡头垄断电力市场中,从发电侧角度研究需求弹性化(价格响应需求)对发电企业投标策略影响的文献比较少。

2007 年,Bompard(2007)首次在研究中强调了需求响应在寡头垄断结构市场中的重要性,构建了供应函数均衡模型讨论需求响应对发电企业投标价格的影响。文章采用一套量化的比较指标(Lerner 指数和消费者剩余偏差指数)来衡量寡头垄断与完全竞争情况下,发电企业利用市场力的情况,结果表明电力的特殊性给发电企业提供了策略性定价(gaming behavior)的机会,导致牺牲电力市场运营效率来确保发电企业剩余(生产者剩余)最大化,这种策略定价行为在用电需求弹性比较低的情况下更为明显。文章主要从需求弹性变化的角度分析均衡的变化,即研究需求从非弹性变成价格响应时,市场均衡和发电企业投标价格的变动情况。

Wang(2011)提出一种基于价格响应需求的演化博弈分析模型,通过迭代的方法寻找市场纳什均衡。模型假设发电企业可以通过历史信息,如热耗率、燃料成本、公开投标和当前公共市场信息(如网络条件和负荷),准确知道对手的收益。文章考虑了发电企业之间的自适应交互作用,发电企业可以通过动态、回顾式的学习过程修改和更新关于对手策略的信念,并根据更新的信息优化他们的投标策略,通过反复的适应性学习,电力市场最终趋于均衡,即任何参与者都无法通过单方面改变策略来增加利润。Wang 的研究强调了发电企业之间相互学习和策略调整的过程。

3.1.3 研究评述

综上所述,关于统一市场出清规则下的发电企业最优投标策略的研究分为两类:一类是基于经典的非弹性需求拍卖,另一类为近年来电力市场化竞争下的需求弹性拍卖。

基于非弹性需求拍卖,发电企业投标策略模型有古诺竞争模型、价格竞争模型和供应函数均衡模型,模型可以有效地求出发电企业投标策略的一般形式,研究公式化了的市场均衡以及发电企业之间的相互作用,是研究电力交易市场有效的数学理论和方法。除了博弈论的方法,仿真和实验也是近年来研究非弹性需求拍卖的有效方法,如通过遗传算法、蒙特卡洛模拟、基于 agent 仿真等智能计算方法优化发电企业的投标策略,通过学习或者模仿过程调整策略直至收敛至均衡。与博弈方法不同,智能计算强调了电力参与者的有限理性和学习过程。仿真对初始估计是比较严格的,若初始估计不恰当,结果可能会出现混沌(Wang,2011)。

基于弹性需求拍卖,大部分研究集中于需求侧管理,研究如何有策略地调整消费者的用电弹性,或研究不同需求弹性下市场均衡电价和社会福利变化,对发电侧管理的研究比较少。近年来,学术界和电力行业开始从发电侧角度研究需求弹性对发电企业投标策略的影响。由于计算复杂性,大部分关于投标策略的研究基于仿真或者实证的方法,通过策略调整寻找市场纳什均衡。拍卖理论提供了关于"市场均衡如何通过战略竞价行为来决定"的分析基础和解释。与强调学习过程的仿真技术不同,拍卖模型通过考虑发电企业的相互作用来解决最优竞价问题,通过纳什均衡来实现电力市场的经济均衡,避免了初始估计和仿真技术的时间限制。

在上述背景下,本书运用拍卖理论,建立弹性需求下发电企业最优竞价策略模型,模型考虑电力交易成本、对手的成本分布(公共信息)、私人边际成本(私人信息),以及预期市场出清价格,探讨了统一市场出清价格规则下市场贝叶斯纳什均衡。与供应函数投标不同,本书采取价格—数量对投标,市场总供给曲线是所有发电企业的价格—数量对的加总,方便求解解析的市场均衡。结果证明了与非弹性需求拍卖相比,弹性拍卖有效抑制了发电企业行使市场力。我们的工作为发电企业提供了决策支持,丰富了拍卖理论在电力市场中的应用。

3.2　集中交易下电力拍卖模型构建

随着电力体制改革的日益推进,集中交易市场下电力拍卖日益频繁、参与拍卖的发电企业人数激增,这为分析发电企业行为、寻找均衡电价带来困难。由于市场均衡很难找到,当前的经典研究通过仿真技术来获得近似市场均衡,但市场仿真对初始值选取、迭代方法要求严格,在某些情况下会导致结果混沌。因此,本节运用拍卖理论,建立多单元电力竞价模型,揭示基于弹性需求的统一市场出清价格拍卖规则下的发电企业竞价机制。通过引入规范化的投标价格,将发电企业投标价格—数量对归一化,根据私人边际发电成本、发电企业人数和电力需求函数得出唯一的市场纳什均衡。

3.2.1　统一市场出清价格拍卖

在电力市场博弈中,由于竞价过程存在信息不对称,如竞价对手的边际成本、投标行为等,因此竞价过程可以被描述为可分物品的非对称信息博弈。本章相关数字符号含义如表 3.1 所示。

表 3.1　相关数学符号含义

i	发电企业的个数 $i = 1, 2, \cdots, m$
$S_i = (b_i, q_i)$	发电企业 i 的投标策略,包含投标价格 b_i 和数量 q_i
$D(p)$	电力需求,与电价 p 负相关
p	市场价格,其中 $p \in [\underline{C}, \bar{C}]$,$\underline{C}$ 为行业成本下限,$\bar{C}$ 为价格上限
c_i	私人信息,发电企业 i 的真实发电成本
b_i'	价格归一化后发电企业 i 的投标策略

续　表

H_i	发电企业 i 在边际上赢得拍卖的概率
R_i	发电企业 i 低于市场出清价格赢得拍卖的概率
$R_i(b_i')$	剩余需求,边际上赢得拍卖的发电企业 i 分配的电量
$\pi_i(b_i')$	发电企业 i 的实际收益
$B(c_i)$	发电企业基于不同成本 c_i 的最优投标策略
$\beta(q)$	交易成本函数,满足 $\beta'(\cdot) > 0, \beta''(\cdot) < 0$
$p^{*\,post}$	事后(ex post)成交价格/实际市场出清价格
$p^{*\,ante}$	事前(ex ante)成交价格,本书 $p^{*\,ante} = b_i'$

　　本书假设有 m 个的成本信息不对称的发电企业($i=1, 2, \cdots, m$)参与竞价上网,向市场销售同类产品(电力),其拍卖规则如表 3.2 所示。根据拍卖流程,将所有参与拍卖的发电企业的投标策略组合由低到高进行排序,如图 3.1所示,市场总供给曲线由所有发电企业的投标策略组成($b_1 < b_2 \cdots < b_m$),是关于每个发电企业的投标策略 $S_i = (b_i, q_i)$(价格—数量对)的加总。假设日前市场弹性需求函数为 $D(p)$,关于市场价格 p 的严格递减凹函数。其中市场价格 $p \in [\underline{C}, \bar{C}]$,$\underline{C}$ 为市场发电成本的上限,$\bar{C}$ 为电力市场价格上限。

表 3.2　统一市场出清价格拍卖流程

(1) ISO 根据市场运行规则发布市场信息,包括需求信息 $D(p)$、参与竞标的发电企业的历史竞价信息。

(2) 发电企业同时、独立地提交一份投标书,包括边际投标价格 b_i 和愿意提供的全电量 q_i。

(3) 根据投标报价 b_i 进行排序。

(4) 低价竞标者优先分配。如果低价竞标者容量不能满足总需求,则较高的价格竞标者生产剩余需求。以此类推,直至满足总需求。如果竞标者提交相等的报价,那么竞标者均分市场需求。

(5) 边际出清价格(MCP)是满足市场需求的最高价格。如果发电企业出价高于 MCP,则竞标失败。

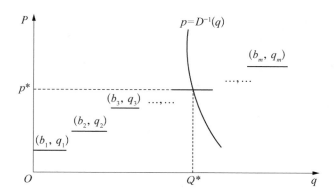

图 3.1　UCP 拍卖中电力市场的报价曲线 ($b_1 < b_2 \cdots < b_m$)

弹性需求电力拍卖规则与非弹性电力拍卖规则的唯一区别在于对边际上赢得拍卖的发电企业的电量分配。根据 UCP 拍卖流程(见表 3.2),如果发电企业 i 的投标价格 b_i 低于实际(事后)市场出清价格 p^*,虚拟发电企业分配与其投标量相等的发电量,即 q_i 个单位的生产量,与非弹性电力拍卖相同。但是,如果发电企业 i 的投标价格 b_i 等于实际市场出清价格 p^*,发电企业 i 仅被分配剩余需求 $R_i(b_i) = D(b_i) - [D(p^*)]$,[•] 表示实数的整数部分,即小于 q_i 单位的电量。而在非弹性电力拍卖中,所有赢得拍卖的发电企业均被分配与投标数量相同的电量。在后续我们证明了,弹性电力需求拍卖相比于非弹性需求拍卖,增加了电力市场的竞争力。

然后是对发电成本的定义。假设发电企业 i 的真实边际发电成本 c_i 是恒定的正实数,是发电企业的私有信息,即只有自己才能精确知道并且发电企业之间彼此独立的私人信息。发电企业可以通过概率分布 $f(C)$ 来估计参与拍卖的发电企业的边际成本 C。 在实际中,成本分布可以从制造商、监管者或市场报告中获取(Elmaghraby,2005;Hao,2000)。

3.2.2　规范化投标价格

引入规范化的投标价格(Fang 等,2012),将发电企业的价格—数量对的双变量转化为可以相比较的单变量。随着电力市场的逐步开放,ISO 逐步退出电力交易,承担电力网络供应商的责任。发电企业需要支付轮转成本和辅助服务成本,而这两项在整个电力成本中占很大比重(Fang 等,2012;Soleymani 等,2008)。因此,除了发电成本外,轮转成本和辅助服务成本也是发电企业需要考虑、不可缺少的交易成本，本书将其作为输电成本。一般来说，对于一定数量的电力，交易成本会随着交易数量的增加而增加。规范化的投标价格，确保了在投标价格相等的情况下，投标数量越大的发电企业更有可能赢得拍卖。假设交易成本函数为$\beta(q)$，其中$\beta'(\cdot) > 0, \beta''(\cdot) < 0$，$q$为投标数量。如果发电企业$i$以$b_i$的单位投标价格，投标$q_i$单位的电力并赢得了拍卖，则发电企业$i$的事后收益为$(p^* - b_i)q_i - \beta(q_i)$，其中$p^*$表示市场出清价格。发电企业$i$的投标策略$(b_i, q_i)$可以被看成$q_i$个虚拟发电企业，每个虚拟发电企业以虚拟边际电价$b_i'$投标1个单位的电量，那么每个虚拟发电企业的事后收益为$(p^* - b_i') - \beta(1)$。根据等价收益原理，实际投标价格b_i与虚拟投标价格b_i'之间的关系见式(3.1)。

$$b_i = b_i' - \frac{\beta(q_i) - q_i\beta(1)}{q_i} \tag{3.1}$$

通过规范化的价格机制，我们将t阶段参与拍卖的m个发电企业转化为$N = \sum_{i=1}^{m} q_i$个虚拟发电企业，每个虚拟发电企业向 ISO 投标1单位的发电量。因此，发电企业i的实际投标信息(b_i, q_i)转换为q_i个虚拟发电企业，每个虚拟发电企业的招投标信息为$(b_i', 1)$。投标量q_i将对实际招标价格b_i产生影响，交易量q_i越高，边际投标价格b_i越高。在实际电力市场中，发电企业的生产调度量q_i在短期内是不变的，因为改变生产量对发电企业而言会造成过量的运营无效率(Sunar 和 Birge, 2018)。因此，虽然在本书中发电量影响投标价格，但是发电量并不作为决策变量。

然而，规范化的价格机制可能导致虚拟发电企业的投标价格相等。若相同投标价格的虚拟发电企业的投标价格b_i'低于市场出清价格p^*，则分配规则不变，即所有相等投标价格的发电企业分配1单位的发电量。若投标价格b_i'等于市场出清价格p^*，具有相同投标价格的每个发电企业被分配剩余电力需求 $R_i(b_i') = \dfrac{D(b_i') - [D(p^*)]}{k}$，$k$表示具有相同投标价格的投标企业的数量。根据概率论的知识，当发电企业的成本分布为离散分布时，可能会出现大于1个发电企业的发电成本相等的情况($k \geqslant 1$)。当成本分布为连续分布，即出现相等投标价格(相同的私人成本)发电企业的概率为0，即$k = 1$。k的估计仅与成本分布有关，k 的大小影响发电企业的投标策略，但是不影响投标规律。因此，本书以成本分布为连续分布为例，对投标策略进行分析。

3.3　发电企业投标策略分析

3.3.1　发电企业的获胜概率

当虚拟发电企业参与竞价时，每个虚拟发电企业的竞价结果只存在三种情形：出价等于市场出清价格并赢得拍卖（边际中标）；出价低于市场出清价格并赢得拍卖（低于边际中标）；出价高于市场出清价格输得拍卖（落标）。三种可能结果的概率估计对虚拟发电企业竞价策略至关重要（Hao，2000）。假设虚拟发电企业低于边际中标的概率为 R_i，在边际上中标的概率为 H_i，则落标的概率是 $1-H_i-R_i$。

若 p^* 为实际（事后）市场出清价格，根据拍卖规则（见表 3.2），有 $[D(p^*)]+1$ 个虚拟发电企业赢得拍卖。如果虚拟发电企业 i 在边际中标，那么出价低于 b_i' 的虚拟发电企业优先分配需求，虚拟发电企业 i 满足剩余的需求 $R_i(b_i')=D(b_i')-[D(p^*)]\leqslant 1$。如果虚拟发电企业 i 出低于边际中标，他将优先满足需求，提供他的最大生产能力 1 个单位。即虚拟发电企业 i 赢得拍卖的概率 (H_i, R_i) 分别为

$$H_i[B^{-1}(b_i'), p^*] = C_{N-1}^{[D(p^*)]} F\{C < B^{-1}(b_i')\}^{[D(p^*)]} F\{C > B^{-1}(b_i')\}^{N-[D(p^*)]-1}$$

$$(3.2)$$

$$R_i[B^{-1}(b_i'), p^*] = \sum_{j=0}^{[D(p^*)]-1} C_{N-1}^j F\{C < B^{-1}(b_i')\}^j F\{C > B^{-1}(b_i')\}^{N-1-j}$$

$$(3.3)$$

其中，$H_i[B^{-1}(b_i'), p^*]$ 表示虚拟发电企业 i 在边际上赢得拍卖的概率，即出现 $[D(p^*)]$ 个虚拟发电企业投标价格低于虚拟发电企业 i 的概率；$R_i[B^{-1}(b_i'), p^*]$ 表示发电企业 i 低于边际中标的概率，即最多有 $[D(p^*)]-1$ 个虚拟发电企业的投标价格低于发电企业 i 的累积概率。从等式(3.2)和(3.3)可以看出，发电企业的获胜概率不仅与自己的策略选择 b_i' 有

关,还与市场需求 $D(p^*)$ 以及参与者的成本分布 $f(C)$ 有关。

3.3.2 电力市场均衡的定义

根据博弈论的均衡理论,本书所求的市场均衡的含义为:给定其他发电企业的投标策略组合 $b'_{-i}=(b'_1,\cdots,b'_{i-1},b'_{i+1},\cdots,b'_N)$,虚拟发电企业 i 选择以期实现事后最大期望收益的投标价格 b'_i。即任取投标价格 $b'\in B(c)$,最优投标策略 b'_i 满足不等式(3.4)。

$$\pi_i[p^*(b'_i,b'_{-i});b'_{-i}] \geqslant \pi_i[p^*(b',b'_{-i});b'_{-i}] \tag{3.4}$$

其中,$\pi_i[p^*(b'_i,b'_{-i});b'_{-i}]$ 是发电企业 i 在预期时差出清价格下的最大期望收益。也就是说,发电企业 i 选择投标价格 b'_i 的期望收益,比选择任意其他的价格集 b' 的期望收益要大,那么 b'_i 为最优的投标策略。其中需求不确定性是使市场均衡价格处于风险中的一个主要因素。正式的投标价格均衡定义如下。

定义 3.1 给定其他发电企业的策略组合 $b'_{-i}=(b'_1,\cdots,b'_{i-1},b'_{i+1},\cdots,b'_N)$,对于任意的 $i=1,2,\cdots,N$,所有满足不等式(3.4)的 b'_i,被称为"投标价格均衡"或"均衡"。

3.3.3 发电企业最优投标价格

根据前文的分析,给定市场出清价格 p^*,其他发电企业的策略组合 b'_{-i},发电企业 i 的期望收益为

$$\pi_i(p^*;b'_{-i})=E[R_i(p^*-c_i)\cdot 1+H_i(b'_{-i}-c_i)\cdot R] \tag{3.5}$$

为最大化发电企业的期望收益(3.5),发电企业需要选择一个投标价格 b'_i,诱导得到一个市场出清价格 p^* 使得自己期望收益最大化,即

$$\max_{b'_i}\pi_i(b'_i)=R_i[B^{-1}(b'_i)](p^*-c_i)\cdot 1+H_i[B^{-1}(b'_i)](b'_i-c_i)R_i(p^*,b'_i)q_i \tag{3.6}$$

其中,市场均衡发电量 $D(p^*)=\sum_{i=1}^{N}q_i^*(1\mid_{b'_i<p^*}+R_i\mid_{b'_i=p^*})$,是市场需求等于所有投标不大于市场出清价格 p^* 的投标数量和。那么,最优投标价格 b'_i 则需要满足如下的一阶微分条件,即

$$\frac{\mathrm{d}\pi_i(b_i')}{\mathrm{d}b_i'} = H_i[B^{-1}(b_i')]R_i(b_i') + \frac{\mathrm{d}R_i(b_i')}{\mathrm{d}b_i'}H_i[B^{-1}(b_i')](b_i'-c_i) +$$

$$(b_i'-c_i)\frac{\mathrm{d}H_i[B^{-1}(b_i')]}{\mathrm{d}B^{-1}(b_i')}\frac{\mathrm{d}B^{-1}(b_i')}{\mathrm{d}b_i'}R_i(b_i') +$$

$$(p^*-c_i)\frac{\mathrm{d}R_i[B^{-1}(b_i')]}{\mathrm{d}B^{-1}(b_i')}\frac{\mathrm{d}B^{-1}(b_i')}{\mathrm{d}b_i'} = 0 \tag{3.7}$$

其中 $\mathrm{d}R_i(b_i')/\mathrm{d}b_i' < 0$，即对于边际上获胜的发电企业而言，投标价格越高，被分配的发电量（剩余需求）越低。应用反函数微分公式，使得 $b_i' = B(c_i)$，将等式（3.7）转化为标准的差分方程（3.8）。

$$B'(c_i) = \frac{[B(c_i)-c_i][R_i(c_i)'H_i(c_i)-H_i(c_i)'R_i(c_i)]-(p^*-c_i)R(c_i)'}{H_i(c_i)R_i(c_i)}$$
$$\tag{3.8}$$

在成本区间 $[\underline{C}, \bar{C}]$ 内，发电企业 i 的最优投标策略 $B(c_i)$ 满足一阶常微分方程（3.8）。边界条件唯一，满足 $B(\bar{C}) = \bar{C}$，即最高成本的发电企业的出价不得高于最高限价 $\bar{C}$。因此方程（3.8）有唯一解。

定理 3.1　存在唯一的 t 阶段均衡 $B^* = (b_1^*, b_2^*, \cdots, b_N^*)$。其中发电企业的最优投标价格 $B(c_i)$ 满足差分方程（3.8）。

为求解差分方程（3.8），将方程（3.8）以 c_i 为下限，以 $\bar{C}$ 为上限进行积分得出

$$B(c_i) = \int_{c_i}^{\bar{C}} \frac{H_i(c)R_i(c)B(c)' - B(c)R_i(c)'H_i(c) + B(c)H_i(c)'R_i(c)}{[R_i(c)]^2}\mathrm{d}c$$

$$= \int_{c_i}^{\bar{C}} \frac{-[R_i(c)'H_i(c)-H_i(c)'R_i(c)]c-(p^*-c)R_i(c)'}{[R_i(c)]^2}\mathrm{d}c \tag{3.9}$$

对于任何一个发电企业而言，如果其边际成本等于成本的上限 $c_i = \bar{C}$，那么其在边际上赢得拍卖，或者低于市场出清价格赢得拍卖的概率近似为 0，即方程的边界条件为

$$H_i(\bar{C}) = 0, \ R_i(\bar{C}) = 0 \tag{3.10}$$

考虑边界条件（3.10），将等式（3.9）作为标准形式，我们可以得到的正式化结果为

$$B(c_i) = c_i + \frac{R_i(c_i)}{H_i(c_i)} \int_{c_i}^{\overline{C}} \left[\frac{H_i(c)}{R_i(c)} + \frac{(p^* - c)R_i(c)'}{[R_i(c)]^2} \right] dc \qquad (3.11)$$

等式(3.11)描述了给定的预期市场出清价格 p^*，发电企业的最优投标策略 $B(c_i)$。结果表明，发电企业的最优投标价格由三部分组成：真实边际发电成本 c_i，由于分配规则和电力需求而导致的投标价格上升的部分 $\frac{R_i(c_i)}{H_i(c_i)} \int_{c_i}^{\overline{C}} \frac{H_i(c)}{R_i(c)} dc$，预期市场出清价格与真实成本的差值的加成（make-up）$\frac{R_i(c_i)}{H_i(c_i)} \int_{c_i}^{\overline{C}} \frac{(p^* - c)R_i(c)'}{[R_i(c)]^2} dc$。同时，最优投标策略 $B(c_i)$ 也说明了最优投标价格与预期市场出清价格有关。在实际中，如果发电企业预期（事前）市场出清价格与实际（事后）预期市场出清价格非常不同，那么遵循这种策略行为的发电企业将面临额外的风险。

引理 3.1 在统一市场出清价格拍卖机制下，如果投标人均以边际投标，即发电企业的预期出清价格等于自身的投标价格，发电企业的收益不比所有发电企业准确估计出预期出清价格更糟糕。

证明： 假设 p^{*post} 为事后获胜价格，p^{*ante} 为事前获胜价格，假设 b_i^{post} 是基于事后获胜价格的最优投标策略，而 b_i^{ante} 是基于事前获胜价格的最优投标策略，根据等式(3.11)求解基于两种预期价格的最优投标策略的差值

$$b_i^{ante} - b_i^{post} = \frac{R_i(c_i)}{H_i(c_i)} \int_{c_i}^{\overline{C}} \frac{(p^{*ante} - p^{*post})R_i(c)'}{[R_i(c)]^2} dc \qquad (3.12)$$

根据 $R_i(c)$ 的计算公式(3.3)可知 $R_i(c)' < 0$，即在边际下获胜概率随着发电边际成本的上升而单调下降。此外由于 $\frac{R_i(c_i)}{H_i(c_i)}$ 是正数，而 $R_i(c)' < 0$，可知基于两种获胜价格估计的投标策略差值与两种获胜价格的差值成负相关。

(1) 当 $p^{*ante} = p^{*post} = b_i^{ante} = b_i^{post}$ 时，$\pi_i(b_i^{ante} \mid p^{*ante}) = \pi_i(b_i^{post} \mid p^{*post})$。

(2) 当 $p^{*post} > b_i^{ante} = p^{*ante}$ 时，即实际市场出清价格大于事前估计的出清价格，根据等式(3.12)，无论基于哪种出清价格的投标策略，发电企业均会以低于出清价格赢得拍卖，即 $\pi_i(b_i^{ante} \mid p^{*ante}) = \pi_i(b_i^{post} \mid p^{*post})$。

(3) 当 $p^{*post} < b_i^{ante} = p^{*ante}$，即实际市场出清价格小于事前估计的出清价

格,根据等式(3.12),无论基于哪种出清价格的投标策略,发电企业都会落标,即 $\pi_i(b_i^{\text{ante}} \mid p^{*\text{ante}}) = \pi_i(b_i^{\text{post}} \mid p^{*\text{post}}) = 0$。

实际上早在 2000 年,Hao(2000)就证明了,当所有竞标者都表现为边际投标 $[p^{*\text{ante}} = B(c_i)]$ 时,这种由于预期市场出清价格不同所造成的风险可以得到缓解。也就是说,所有发电企业的预期利润并不比准确估计事后市场出清价格的情况差。

基于等式(3.11)和边界条件(3.10)以及边际投标的假设 $p^* = B(c_i)$,得到发电企业 i 的最优投标价格为

$$B(c_i) = c_i + \frac{R_i(c_i)\int_{c_i}^{\bar{C}}[H_i(c)/R_i(c) - cR_i(c)'/R_i(c)^2]\mathrm{d}c/H_i(c_i)}{1 - \int_{c_i}^{\bar{C}}R_i(c)'/R_i(c)^2\mathrm{d}c}$$

(3.13)

定理 3.2　存在一个投标均衡 $B = (b_1, b_2, \cdots, b_N)$,在均衡中,发电企业的策略如下。

(1) 每个发电企业 i 的最优投标策略组合 $S_i = (b_i, q_i)$,满足条件(3.1)和(3.13)。

(2) 在生产阶段,发电企业进行电力生产并获得收益。日前实际市场出清价格 p^* 均被揭示。

定理 3.2 给出了发电企业在各阶段的最优投标策略。最优投标策略等式(3.13)表示,发电企业的最优投标价格等于其成本加上根据投标数量、输电成本和需求分配规则计算出的中标概率。此外,不同于非弹性需求拍卖向所有赢得拍卖的发电企业分配相同的发电量,弹性需求拍卖有着不同的分配方式。对于投标价格等于市场出清价格的发电企业,ISO 只将剩余需求 $R_i(c_i)$ 分配给发电企业。相较于非弹性需求拍卖,弹性需求拍卖更能激励发电企业降低投标价格。一方面,对于投标价格低于市场出清价格的发电企业,市场出清价格越高,其预期利润越高,但其投标价格不会影响市场出清价格的确定。另一方面,对于投标价格等于市场出清价格的发电企业,投标价格不仅影响市场出清价格的确定,而且影响其分配的数量。因此,发电企业需要在投标价格和分配数量之间找到平衡。在 3.4 节的数值算例中,我们也比较证明了与非弹性

需求相比,不确定性弹性需求市场具有降低发电企业投标价格(抑制市场力)的作用,且没有发电企业有动机偏离最优均衡。

3.4　需求响应的社会福利影响分析

3.4.1　算例应用

本节我们通过数值例子证明本章结果在电力市场中的应用,并分析结果的突出规律。为了便于说明,在下文中,我们考虑线性需求函数 $D(p) = v - \alpha p$,v 表示市场需求规模,α 表示需求弹性,其中 $v > 0, \alpha > 0$,均为常数。本节介绍的所有参数均为所有参与者的公共知识,其中表 3.3 为交易成本函数 $\beta(q)$,交易量 q 越高,交易成本 $\beta(q)$ 越高。

表 3.3　交易成本信息(Fang 等,2012)

q	1	2	3	4
$\beta(q)$	0.120	0.220	0.303	0.372

表 3.4 为当电力需求函数 $D(p) = 4.5 - 0.5p$ 时,由 5 个发电企业参与投标拍卖时的投标结果。发电企业的边际发电成本服从区间 $[0.1, 0.2]$(/MWh)的均匀分布。随机选取区间 $[0.1, 0.2]$ 之间的 5 个数代表发电企业的边际成本为私人信息,即只有发电企业自己可以准确知道,其他发电企业只知道其概率分布的信息。从表 3.4 可以看出,私人边际成本 c_i 越高,最优投标价格 $b_i'^*$ 越高,这与非弹性需求下的规律吻合。最优投标价格 $b_i'^*$ 是成本 c_i 和获胜概率(H_i,R_i)的非线性组合。

表 3.4　发电企业的最优投标结果

发电企业	真实成本	投标数量	最优投标价格
1	0.114 25	1	0.123 29
2	0.135 10	3	0.145 94

续　表

发电企业	真实成本	投标数量	最优投标价格
3	0.154 99	1	0.161 51
4	0.162 21	2	0.168 79
5	0.185 30	1	0.187 63

3.4.2　需求对投标策略的影响

需求是影响电力市场战略行为的主要因素之一。随着电力体制改革的不断推进,需求侧电力的放松以及电力消费者议价能力的增强,使得电力需求由原来的固定需求表现为价格响应性的需求。在短期内,尽管需求弹性 α 固定且不会频繁变化,但需求规模 v 表现出季节性、时变性和不确定性的特点。因此,本节基于不同的需求规模 v,研究需求对投标策略的影响。

其他参数不变,根据定理 3.2 计算各发电企业基于不同电力需求规模下的最优投标策略,结果如表 3.5 所示($v = 3.5 \sim 6.5$)。表 3.5 直观地表现了最优投标价格随需求的增大而增加。从微观的角度来看,需求的增加导致了需求曲线的右移,从而产生更高的市场出清价格和更多的市场出清电量(见图 3.2)。以 3.4.1 节的数值例子为例,当需求 v 从 4.4 增长到 5.5,基于相同的市场扰动,市场出清价格从 1.37 增长到 1.561 5,市场出清量从 3.185 0 增长到 4.719 2。从宏观的角度来看,由于电力需求信息的发布先于投标拍卖,较高的需求增加了发电企业的市场预期。发电企业的投标策略基于市场需求以及预期市场出清价格,需求曲线的右移,会造成投标曲线跟着需求曲线的扩大而向上移动。

表 3.5　不同需求规模下的投标结果

发电企业	私人成本	投标数量	最优投标价格			
			$v = 3.5$	$v = 4.5$	$v = 5.5$	$v = 6.5$
1	0.114 25	1	0.124 87	0.125 29	0.125 72	0.126 17
2	0.135 10	3	0.145 34	0.145 94	0.146 67	0.147 80
3	0.154 99	1	0.160 93	0.161 51	0.162 24	0.163 12

续　表

发电企业	私人成本	投标数量	最优投标价格			
			$v=3.5$	$v=4.5$	$v=5.5$	$v=6.5$
4	0.162 21	2	0.168 25	0.168 79	0.169 47	0.170 33
5	0.185 30	1	0.187 34	0.187 63	0.188 01	0.188 54

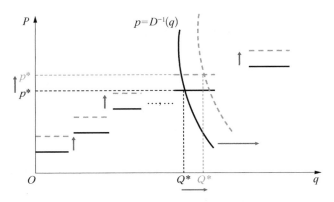

图 3.2　需求的增加对市场均衡及投标策略的影响

3.4.3　社会福利对比

本节我们比较三种典型市场结构下的投标策略、市场均衡及社会福利：基于弹性需求的统一市场出清价格拍卖，完全竞争市场以及基于非弹性需求的统一市场出清价格拍卖。通过对比本节的弹性需求拍卖与完全竞争市场，明确发电企业行使市场力的情况以及攫取社会福利的程度。对比弹性需求拍卖与非弹性需求拍卖的最优投标情况，证明弹性需求在抑制发电企业市场力方面的作用，以及对均衡电价的影响。

基于微观经济学的定义，我们将社会福利 U 定义为发电企业的生产剩余 $U_g=\sum_{i=0}^{n}(p^*-c_i)q_i^A$ 和消费者剩余 $U_s=\dfrac{(v-\alpha p^*)^2}{2}$ 之和，其中 q_i^A 表示发电企业实际交易的电量。即社会福利 U 可以表述为：

$$U=U_g+U_s=\sum_{i=0}^{n}(p^*-c_i)q_i^A+\frac{(v-\alpha p^*)^2}{2} \qquad (3.14)$$

　　为了讨论发电企业投标策略行为对均衡电价的影响,我们先考虑一个完全竞争市场的基准情景。在完全竞争市场中,每个发电企业向拍卖商提供一个投标价格 $B(c_i)^{\text{basic}}$,而市场出清价格为满足电力需求 $D(p)$ 的最高价格 $p^{*\text{basic}}$。如果发电企业的出价高于市场出清价格,将失去标的。在这种拍卖规则下,由于完全竞争市场没有信息不对称,即所有参与者和拍卖商均知道每个发电企业的真实成本。因此,所有发电企业采用成本投标策略,即 $B(c_i)=c_i$。根据分配规则,市场出清价格 $p^{*\text{basic}}$ 是所有发电企业的投标策略组合 $S^{\text{basic}}=\{(c_1,q_1),(c_2,q_2),\cdots,(c_N,q_N)\}$ 与弹性的需求曲线 $D(p)$ 的交点。

　　选取表 3.4 中的 5 个发电企业进行投标博弈,电力需求规模选择区间 $v\in[3.5,6.5]$,根据发电企业的投标策略分别求出不同需求规模下的市场均衡价格 $p^{*\text{basic}}$,根据社会福利的计算公式(3.15),运用 MATLAB 绘制出完全竞争市场下消费者剩余 U_s^{basic} 和生产者剩余 U_g^{basic}。从图 3.3 中可以看出,消费者剩余和生产者剩余都随着需求的增大而增加,此外消费者剩余的增长速率要高于生产者剩余增长的速率。在完全竞争市场,由于所有参与拍卖的发电企业的成本信息是公开的,因此发电企业没有议价能力。随着需求的增加,发电企业无法通过提高报价来获得额外收益。生产者剩余的增加全部来源于需求的扩张导致的市场出清价格上涨。因此,生产者剩余的增长速率慢于消费者剩余的增长。

　　此外,我们还分析了非弹性需求拍卖的情景(Hao,2000)。在非弹性需求拍卖中,需求是非弹性的、固定的外生变量,即 $D(p)=v$。在分配规则方面,非弹性需求拍卖与弹性电力需求拍卖的区别是对边际获胜者的电力分配。在非弹性需求拍卖中,所有获胜者均分配 1 单位的电力,即边际获胜者分配的剩余需求 $R_i(c_i)=1$。在 UCP 拍卖中,边际获胜的发电企业分配的剩余需求 $R_i(c_i)\leqslant 1$。将定理 3.2 中的剩余需求 $R_i(c_i)$ 替代为 1,我们可以得到非弹性需求下的发电企业最优投标价格 $B(c_i)^{\text{fixed}}$ 为

$$B(c_i)^{\text{fixed}}=c_i+\frac{\displaystyle\int_{c_i}^{\overline{c}}[H_i(c)+R_i(c)]\mathrm{d}c}{H_i(c)+R_i(c)} \tag{3.15}$$

　　根据分配规则,市场出清价格 $p^{*\text{fixed}}$ 是所有发电企业的投标策略组合

$S^{*\,\text{fixed}} = \{(b_1^{\text{fixed}}, q_1), (b_2^{\text{fixed}}, q_2), \cdots, (b_N^{\text{fixed}}, q_N)\}$ 与非弹性需求曲线 $D(p) = v$ 的交点。选取与完全竞争市场相同的参数变量,根据计算,我们绘制出非弹性需求拍卖下消费者剩余 U_s^{fixed} [见图 3.3(a)]和生产者剩余 U_g^{fixed} [见图 3.3(b)]。从图 3.3 中可以看出,消费者剩余和生产者剩余都随着需求的增大而增加,但是消费者剩余的增长速度相较于完全竞争市场变缓,而生产者剩余的增长速度相较于完全竞争市场变快,其原因在于发电企业的议价能力。在固定电力需求拍卖中,由于发电企业采用成本加获胜概率加成(make-up)的方式

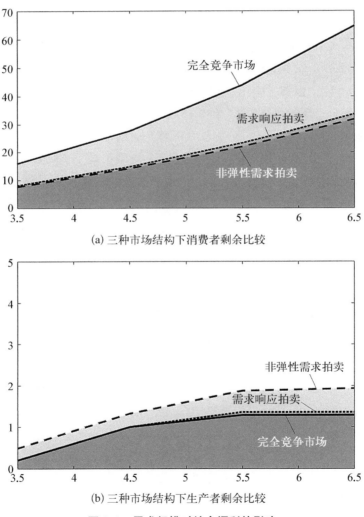

(a) 三种市场结构下消费者剩余比较

(b) 三种市场结构下生产者剩余比较

图 3.3 需求规模对社会福利的影响

进行投标(等式 3.15),因此需求的增长带来两方面的效用。一方面,需求的增长使得需求曲线外移,导致市场出清价格上升。这使得生产者剩余和消费者剩余均会成比例地增加。另一方面,需求的增长使得发电企业的预期获胜概率 $[H_i(c), R_i(c)]$ 变大,根据投标策略式(3.15),所有参与拍卖的发电企业的最优投标策略也会增加,即导致电力供应曲线的上移,最终导致市场出清价格的进一步上升。与需求扩大引起的出清价格上升不同,发电企业利用市场力提升出清价格会使得消费者的剩余减少,即通过攫取消费者剩余而带来生产者剩余的增加。因此,相比于完全竞争市场,不对称信息下的拍卖使得消费者剩余增长缓慢,而生产者剩余增速较快。

定理 3.3　即使在竞争条件下,发电企业之间仍存在利用市场力的现象。但是,与非弹性需求拍卖相比,价格响应需求拍卖是抑制发电企业行使市场力的有效途径。

从图 3.3 中我们可以直观地看到完全信息相对于弹性需求拍卖和非弹性需求拍卖是一个非常有利于促进社会福利增长的机制。一方面,相比于弹性需求拍卖,完全信息带来更多的消费者剩余,这种消费者剩余增加的趋势随着需求规模的变大而愈加明显。另一方面,完全信息也会带来生产者剩余的损失。但是这种损失相对于消费者剩余的增长来说是杯水车薪的。然而,由于电力市场自身的特性,如成本信息不对称、传输约束以及寡头市场结构等,电力市场很难达到完全竞争市场条件。但是这比较清晰地说明了,即使是在竞争的条件下,发电企业仍存在利用市场力攫取消费者剩余的现象(与完全竞争市场相比)。

图 3.3 也比较了弹性需求拍卖与非弹性需求拍卖对社会福利的影响。如图 3.3 所示,弹性需求和固定需求对社会福利的影响是非常大的。与固定需求拍卖相比,弹性需求拍卖将产生更多的消费者剩余和生产者剩余,这种现象随着需求的增加而更加明显。如,在需求规模 $v=5$ 的条件下,在弹性需求拍卖机制下生产者剩余为 0.980 6,而在非弹性需求拍卖机制下为 3.113。此外,非弹性需求拍卖导致的市场出清价格下跌,大幅度增加了消费者剩余。如当需求规模 $v=5$ 时,弹性需求拍卖机制下消费者剩余为 18.1,而非弹性拍卖下仅为 7.277 1,因此,需求弹性拍卖是制约发电企业使用市场力、增加社会福利的有效手段。这个结论与 Ruddell(2017)的研究结论是一致的,Ruddell 同样指出需求弹性化是有效利用电力资源的可用手段。

3.5　本章小结

电力市场的开放导致发电企业面临激烈的竞争和频繁的拍卖,消费者表现出更高的价格敏感性。然而,由于发电企业的激增和拍卖的日益频繁,市场仿真很难准确找到市场均衡,若初始估计不恰当,将导致结果混乱。此外,影响投标行为的主要因素,即日前市场需求的季节性、时间波动性和价格响应性也较少受到关注。实际上,虽然电力相对于其他产品而言,需求弹性比较低,但是即使是低的需求弹性也会导致市场绩效的显著差异。因此,本书在此基础上,基于不确定的价格响应需求,建立了统一市场出清价格拍卖模型,分析了非对称的发电企业的最优竞价策略。通过在投标策略中引入规范化的投标价格,得到了统一市场出清价格规则下的纳什均衡,并证明了其唯一性。与此同时,考虑需求对发电企业投标行为的影响,给出了数值算例说明该方法的适用性和变化规律。

结果表明,在弹性需求拍卖机制下,发电企业的最优投标价格 $B(c_i)$ 满足定理 3.1,边际成本越高,最优投标价格越高。最优投标价格等于真实成本加上获胜概率的非线性组合。此外,本章比较了三种市场机制下的社会福利变化:弹性电力需求拍卖、完全信息拍卖以及固定需求拍卖。结果表明,完全信息拍卖相较于弹性电力需求拍卖是更有利于社会福利的市场结构,但由于信息不对称、输电约束和寡头垄断等特征,完全竞争在电力市场中是不合适的。但这比较清楚地表明,即使在竞争条件下,发电企业之间也存在利用市场力的现象。此外,研究还表明,相对于非弹性市场需求,弹性需求市场是抑制市场力的有效途径,这一结论与 Ruddell(2017)的研究结果一致。

此外,本节还存在一些限制。虽然我们得到了发电企业的最优投标策略,但为了获得清晰、可分析的纳什均衡解,我们假设所有发电企业的成本分布是相同的,这是一个比较强的假设。这一假设可以在今后的工作中进行拓展至不同的分布。今后的工作包括研究不同发电来源下的竞价策略和设计有效的拍卖机制以监测市场力量。

第 4 章

集中交易下可再生能源竞价与激励

4.1 可再生能源激励机制相关研究

为了促进可再生能源的蓬勃发展,许多国家都制定和实施了一系列法律、政策和补贴,重点补偿了可再生能源发电机组的未来收益,完整的可再生能源激励机制文献综述可见 Pineda 等(2018)和 Aquila 等(2017)。其中,比较流行的补贴机制分为两类:上网电价补贴和可再生能源配额制(Nesta 等,2014;Abrardi 和 Cambini,2015;Jooste 和 Jasper,2012)。

4.1.1 可再生能源价格补贴机制

上网电价补贴,顾名思义就是对每单位的可再生能源发电量按照一定的价格进行补贴。根据补贴价格的不同,又分为固定价格补贴(feed-in-tariff,FIT)、固定(溢价)补贴(fit-in-premium,FIP)和净电表制(net metering)。其中,固定价格补贴机制的实施最为广泛,被证明是促进可再生能源发展最有效率的政策机制(European Commission,2008)。中国、北美和欧洲的国家都明确规定了太阳能发电上网电价,以鼓励太阳能/风能发电的技术研发、利用和营销等(Abrardi 和 Cambini,2015)。以中国为例,我国对可再生能源发电分4 个地区规定标杆上网电价,分区域的补贴机制一直延续至今,且补贴价格正逐年下调。

可再生能源配额制(renewable portfolio standard,RPS),指政府强制规定配额比例(规定可再生能源占总发电量的百分比)和交易市场(以绿色电力交易证书的形式,在发电企业之间进行可再生能源买卖,绿色电力交易证书价格由市场决定),对未达成配额制的发电商予以惩罚。相比于固定电价补贴,可再生能源配额制更偏向于强制规定可再生能源数量，让市场决定可再生能源价格(Tan 等，2013；Ritzenhofen 等，2016)。根据 2010 年可再生能源全球状况报告(REN21，2010)，可再生能源配额制已经在欧洲的六个国家、澳大利亚、日本和美国等地被有效地实施。大多数的政策要求至 2020 年，公共事业公司购买的电力中至少有 20% 的电力源于可再生能源。配额制的核心目标是要解决消纳的问题，但是操作起来比固定价格拍卖复杂，不仅要考虑绿色证书市场的机制设计，还要对配额超额完成量交易进行规则的制定，还要有配套的惩罚机制。美国环境影响评估局(2002)认为，"国家强制执行可再生能源配额制只会导致天然气和煤炭设施的发电量下降"。在中国，目前电力市场还不能完全支持可再生能源配额制的实施，还需要相应配套机制的改革。

4.1.2 FIT 和 RPS 政策效果研究

关于补贴机制效果的研究可分为两类，一类通过理论分析证明 FIT 和 RPS 补贴机制的政策效果。如 Andor 和 Voss(2016)研究了在可再生能源发电存在外部性效用(温室气体减排、学习溢出)下，两种机制对社会福利的影响，证明了当可再生能源生产和建筑存在正外部性时，两种激励机制都是次优机制，都通过扭曲供应决策进而造成社会福利损失。Nie 和 Chen(2016)研究了碳融资补贴问题，认为补贴能有效刺激发电企业的产出和债务水平。Alizamir(2016)基于成本有效和社会最优两个目标，对固定价格补贴机制进行研究。文章考虑了投资者的学习和扩散行为，当扩散率和学习率在无延迟区域(no-delay region)外下降时，投资者的收益会在一段时间内暂时增加，这为计算最优补贴带来了很大的困难，文章提出监管机构应该将重点放在抑制投资者推迟投资的政策上。

除了理论分析外，更多的文献通过实证分析，研究两个机制的政策效果(Zhao 等，2014；Lund，2007；Crago 和 Chernyakhovskiy，2017)。如 Butler 和 Neuhoff(2008)基于英国和德国电力市场实际运营数据进行研究，结果表明，相比于 RPS，FIT 政策下消费者剩余更多且风电发展更快，因此 FIT 是更有利于风力发电行业扩张的激励机制。Zhang 等(2015)基于中国"十三五"期间的政策目标和发展现状，对电价补贴政策提出建议。Zhang 等(2017)还用随机过程估计构建了中国 RPS 机制模型，并利用该模型对我国太阳能光伏发电补贴的最优水平进行了实证评价。Aquila 等(2017)基于巴西十年(2004—

2014 年)的可再生能源发展经验,介绍了 FIT、RPS 以及净电价机制在巴西实践中的主要优缺点,强调了这些机制的潜力和脆弱性。关于 FIT 和 RPS 的研究更聚焦于弥补发电企业的未来收益或比较机制的效果,没有考虑可再生能源发电过程中的信息不对称。

4.1.3　激励机制设计研究进展

在管理中或决策中,总是存在由信息不对称造成的道德风险和逆向选择问题。激励机制理论就是研究委托人通过设计相关规则以揭示代理人真实信息的理论工具。关于静态委托—代理问题,《激励理论—委托代理模型》(拉奉特,2002)一书系统回顾了关于委托—代理的基本模型、激励相容约束以及最优激励合同等。在最早的经典研究中,很多研究对静态委托—代理模型的解进行了分析,如早在 1983 年,Grossman 和 Hart(1983)对委托—代理问题的解的存在性进行了分析,假定代理人对彩票收入的偏好与代理人行为无关,证明通过求解凸规划问题可以找到代理人实施行为的最佳方式,并利用这一点来描述最优激励方案,分析最优方案的影响因素。基于此研究,Rogerson(1985)通过确定一阶方法有效的充分条件,即分布函数条件的单调似然比条件和凸性,来求解帕累托最优工资合同,结果证明在相同条件下,帕累托最优工资合同的产出是不递减的。基于静态委托—代理模型或其拓展,很多文献研究单任务的激励问题,即委托人委托代理人完成一个任务或目标,被广泛地用于保险行业(Laeeque,2014)、工资制定(Demarzo 和 Sannikov,2017;Dang,2010)、建筑市场(Just,2000)、环境保护问题等。如 Mason and Välimäki(2015)考虑了委托人雇佣代理人完成一个项目时的最优激励机制,提出了一个随时间下降的最优工资可以有效激励代理人持续努力。Bogle 和 Van Kooten(2015)研究了政府和私人森林公司采伐公共林地之间的委托代理关系。政府为激励森林公司在自然灾害后保留物种的同时抢救部分受损木材,以不列颠哥伦比亚的实际案例,构建了典型的委托—代理模型,政府利用收获水平、合同条件和树桩费用激励代理商抢救受甲虫影响的松树,同时留下足够的多松树和非植物物种以确保未来木材供应充足。Laeeque(2014)基于巴基斯坦保险业的经验数据,证明了心理因素如低级需求、外在动机需要、组织认同和组织承诺对保险行业委托—代理关系的影响,用实际数据证明了每一个心理因素的变量,都显著地影响了委托代理关系。

近年来,动态委托—代理问题,即持续地激励代理人进行多个任务或目标的完成,慢慢地成为研究热点,不同文献基于委托代理人之间的关系和实际的问题设计了不同的动态激励合同。如 Zhang 和 Zenios(2018)研究了多阶段的隐藏信息下的委托—代理问题。模型假设委托人对整个系统有初始的股份,但将其控制权委托给代理人。文章开发了一个动态规划算法来为委托人导出最优的长期合同,即委托人通过沿公共信息路径选择代理的后续效用向量,以此来间接控制底层系统。模型给出了一般均衡解,但是在参数结构复杂时,可能会导致最优契约的复杂性。Sannikov 和 Demarzo(2016)强调了在动态激励中学习的重要性。假设委托人可以从代理人的产出中学习到对方的盈利能力,如果盈利能力太低,项目可以被放弃/终止。代理人偷懒既降低了产出,也降低了委托人对未来盈利能力的估计。模型提出的最优合同通过扭曲停止时间(distorting termination decision)来有效减少企业的寻租行为。此外,文章通过实证数据证明简单的股权契约是最优的。Green 和 Taylor(2015)同样研究了一个多阶段项目的最优激励机制。文章提出了一个软截止日期(soft deadline)的概念,即如果代理人在该日期报告进度则委托人给他一个相对较短的硬截止日期来完成项目并提供资金。如果在该日期没有报告进度,则开始一个试用阶段,直至代理人报告进度。文章通过软截止日期激励代理人持续努力,此外模型还分析了不同参数对委托人和代理人决策的影响。Sun 和 Tian(2018)采用了与本书类似的委托—代理结构,即代理人的产出服从泊松分布,代理人的努力水平影响泊松到达率(产出),但是委托人无法观测到代理人的努力水平。Sun 和 Tian(2018)考虑了由一个委托人和一个代理人构成的市场结构,每一个泊松到达会给委托人带来固定收益,模型通过设计一个最优工资结构以激励风险中性代理人努力提高泊松过程的到达率。本书的问题设定、实际约束等附加属性与 Sun 和 Tian(2018)的研究不同,本书设计的最优激励合同更符合电力市场的现状。

4.1.4 研究评述

可再生能源激励政策是一个热点研究课题,越来越多的学者开始从理论角度提出和分析促进可再生能源发电发展的最优策略(Zhou 等,2011;Madlener 和 Stagl,2005)。经典的可再生能源补贴机制研究更聚焦于弥补发电企业的未来收益或比较不同激励机制的效果,没有考虑可再生能源发电过程中的信息不对称。完整的关于可再生能源发电激励机制的介绍见 Pineda 等(2018)和 Aquila 等(2017)。此外,一些文献实证研究了可再生能源激励机制 (Zhao 等,2014;Lund,2007;Crago 和 Chernyakhovskiy,2017),例如 FIT (Abrardi 和 Cambini,2015)、RPS(Tan 等,2013)、证书商业化共享(Ritzenhofen 等,2016)。这些文献的重点是根据实证数据分析,评估政策的有效性,并分析增加或者减少可再生能源补贴对社会福利、可再生能源发展的影响(Shen 和 Luo,2015;Zhao 和 Chen,2018)。然而,这些传统的激励研究更注重政策的现实效果和政策含义,而没有考虑可再生能源发电过程中的信息不对称,忽略了发电企业之间的竞争。本书旨在拓展相关研究,分析非对称信息下发电企业竞价策略以及设计最优价格激励机制,为监管机构提供政策设计(激励)方面的建议。

近年来非对称信息下的激励机制研究有了飞速的发展,这些研究更多关注和解决委托人如何激励代理人完成单一工作或目标的问题(Demarzo 和 Sannikov,2017;Dang,2010,Mason 和 Välimäki,2015),关于连续多任务激励机制设计的研究并不多见。本书研究发电企业进行连续可再生能源发电的最优激励政策,提出的激励机制更适合电力市场且更具可操作性。本书的模型在两个方面不同于当前激励机制的研究。一方面,最优激励机制的结构不同,更适合实际的可再生能源电力市场。在实际电力市场中,由于可再生能源发电成本高、投资高,因此本书提出的价格补偿是连续的,也就是说,每单位中标的电量都会得到一个补贴。另一方面,本书的最优惩罚时间不仅与发电率有关,而且与时间有关。与 Sun 和 Tian(2018)的研究相比,本书的激励机制给发电企业带来了更直接的激励,即发电企业在机制下生产运营的时间越长,他的停电惩罚时间间隔越长。

4.2　可再生能源电力集中交易特征

4.2.1　可再生能源电力特质

随着能源需求增长的压力与环境压力的威胁,传统能源作为一种高排放、高污染的能量来源,在一定程度上会受到政策的"挤压"。可再生能源,指风能、太阳能、水能、生物质能、地热能、海洋能等非化石能源,资源分布广泛,对环境无害或危害极小,适宜就地开发利用(《中华人民共和国可再生能源法》,

2005)，一直受到国家的青睐和政策上的扶持。目前，商用的可再生能源技术被广泛应用于全世界各个国家。商用可再生能源技术包括独立经营生物质(stand-alone bio)、地热(geothermal)、水力发电(hydro)、分布式光伏(distributed photovoltaic，PV)、公用事业规模的分布式光伏(utility-scale PV)、集中式太阳能发电(Concentrated Solar Power，CSP)、陆上风电(onshore wind)和固定底海上风电(fixed-bottom offshore wind power)(Sato 等，2015)。

相较于成本低廉、发电稳定的传统能源发电，可再生能源发电存在着内在劣势，主要集中在高平均发电成本、发电不确定性/间歇性、高日常运营投入等特征，限制了可再生能源发电行业的有效发展和扩张。

1. 高平均发电成本

随着可再生能源技术的进步及应用规模的扩大，可再生能源发电的建筑成本(固定成本)显著降低。以中国为例，至 2015 年，风电设备和光伏组件价格近五年分别下降了约 20%和 60%(国家发改委，2016)。此外，南美洲、非洲和中东一些国家的风电、光伏项目招标电价与传统化石能源发电相比已具备竞争力，德国新增的新能源电力已经基本实现与传统能源平价。但总的来说，可再生能源发电成本仍高于传统能源。主要原因如下：传统能源将外部成本(污染)转移到社会，使其成本低于实际水平；可再生能源起步较晚，需要进口多种核心技术和设备，增加了我国可再生能源发电的成本；可再生能源的不稳定性限制了可再生能源上网。这些问题不仅增加了可再生能源的发电成本，而且降低了可再生能源的市场竞争力，制约了可再生能源的发展。随着社会和政府对可再生能源技术的关注和扶持，关于可再生能源技术成本的研究越来越多，但是大部分的研究基于补贴可再生能源的固定成本，而忽略可再生能源的发电成本。

实际在紧密耦合的能源生产和消费单元的动态框架中，由于可变操作而产生的可再生能源发电成本同样重要。以 2017 年不同能源的发电平均成本为例(见表 4.1)，可再生能源发电如太阳能、风能发电，其发电成本均高于传统能源发电，尤其是相比于技术成熟的天然气和液态石油发电领域。光热发电成本是化石能源发电成本的 4 倍以上，海上风电成本是化石能源成本的将近 3 倍。在燃料使用方面，截至 2018 年上半年，美国总发电量中，可再生能源(生物能、地热、水电、风能和太阳能)的占比近 20%，甚至小幅超越了核电(EIA，2019)。虽然近年来可再生能源涨势凶猛，但是化石燃料(煤炭、天然气和液态石油)仍是美国最常见的电力来源。因此本书基于可再生能源发电成本高于传统能源发电成本的假设,研究在此背景下的最优激励机制。

表 4.1　每单位能源的发电成本比较

能 源 品 种	成本(美元/千瓦时)
化石能源发电	0.05
陆上风电	0.06
海上风电	0.14
光热发电	0.22
地热发电	0.07
大型地面光伏	0.10

数据来源:国际可再生能源署,《2018 年可再生能源发电成本报告》。

2. 发电不确定性/间歇性

相对于传统能源发电的低成本、稳定性,可再生能源发电的另一大特点是不可控性,即不确定性或间歇性。最受欢迎的可再生资源,如风能和太阳能,依赖于风能和太阳辐射,这意味着太阳能和风能系统都是可变的,并不总是有可用的电力。此外,由于不同可再生能源技术之间的输出特性也存在很大的差异,这为可再生能源上网提供了更高的要求。此外,同种类型的可再生能源,发电企业选择的设备不同以及优化管理模式存在差异,导致的发电量也相差甚远(Sanz,2014)。本书构建的可再生能源补贴机制,考虑了可再生能源发电的随机性、动态性以及间歇性,将可再生能源发电过程假设为动态的随机过程。

3. 高日常运营投入

提高有质量的可再生能源发电量(可再生能源的利用率),除了与不确定的自然因素有关,还与发电企业的日常运营表现息息相关。电力运营(operational cost)指由发电企业选择投入水平的,与可再生能源发电量有关的日常运作投入,如持续的设备维护、能源管理优化、电力质量控制、劳动力投入以及营销等(Juhari 等,2009;Bensoussan 等,2015)。以设备(如风力涡轮机、船用电流电源、光伏板等)维护为例,可再生能源设备的日常维护对提高有效发电量,减少发电损失,提升发电质量和稳定性十分重要。故障检测传感器、车辆和技术人员、工具和备件的传输系统等维护投入可大大提高可再生能源发电系统的性能和有效电能产出。此外,发电企业的日常能源管理和控制也是影响可再生能源发电量的一个重要因素。研究表明,在没有优化和适当的调度的情况下,可再生能源设备总是在最大功率点跟踪上进行工作,会导致超过 50% 的可用发电量损失(Nicolas 和 Dominique,2016)。以 2017 年中国可再生能源市场为例,可再生能源总装机量占整个电力发电行业的 36.6%,但发电量仅占总发电量的 26.4%。如果发电量被全部有效地利用,2017 年新增可再生能源发电量的比重可从实际的 37.8% 提高到 63.4%,而在实际情况中,2017 年可再生能源占总发电量中的比重仅比 2016 年增加了 0.7 个百分点。由此可见,有效的可再生能源管理、调度和维护可增加对可再生能源的有效利用,提高可再生能源发电效率。

相较于传统能源发电设备的日常维护成本,可再生能源的日常维护成本更高。电力运营成本是日常可再生能源发电中不可忽视的成本之一。由于可再生能源的特殊属性、可再生能源设备的发展不完善等原因,发电企业需要大量的人力和物力投资在日常运营中。以光伏发电设备为例(见图 4.1),日常发电的成本不仅包含太阳能源组件的成本、电池等直接成本,工程、项目管理、维护成本等间接成本同样占很大的份额。其中,劳动力和设备维护成本占日常可再生能源发电成本中近 1/3 的比重。此外,光伏发电设备属于可再生能源发电设备中维护成本较低的发电设备,风力发电由于更加不稳定,导致维护成

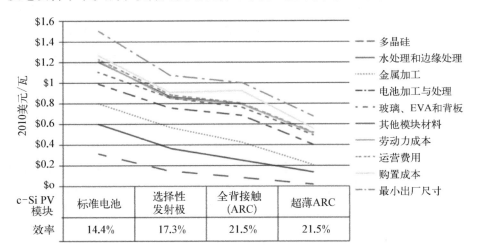

图 4.1　光伏发电成本组成

本在可再生能源中更高。

　　综上,实际可再生能源发电是一个随机、间歇性的动态过程,有效的可再生能源发电量不仅与自然气候因素(如风力、光照等)有关,而且与可再生能源日常运营投入有一定的关联。在进行财政补贴时,每一阶段的实际(事后)可再生能源发电量可以通过市场监管报告或市场交易记录被实时检测到。但是发电企业作为独立的公司,其日常运营投入,尤其是人力投入和设备维护投入很难被观察到,即政府和发电企业之间存在信息不对称。如果没有合适的激励机制,由于可再生能源运营投入较高且很难被监管,以收益最大化为目标的发电企业更偏向投入于更稳定、发电成本更低的传统能源发电市场(Kwon,2015),即由于运营管理不被政府控制,从信息不对称中获益的发电企业会产生道德风险问题(Bergland 等,2002;Moliterni,2017; López 和 Mitra,2000)。因此本书在设计可再生能源补贴时,考虑了发电企业与政府间的信息不对称,在激励可再生能源降低成本的同时激励发电企业主动在合理范围内增加日常生产运营投入,以改善可再生能源利用率。

4.2.2　现行竞价上网补贴机制

　　全球能源市场正在转型。经济的快速增长和繁荣意味着能源消费的激增(英国石油公司《世界能源统计评论》,2017)。权威报告指出,传统的化石燃料,特别是近几十年来的能源,即煤、石油和天然气,将被拉长到极限(Yang 等,2016)。不断增长的能源需求和确保能源安全的压力迫使各国政府推动可再生能源的扩张。事实上,早在 2011 年,联合国环境规划署(以下简称环境署)就报告说,可再生能源的大规模渗透是减缓气候变化和保护化石能源的关键干预措施(环境署,2011 年)。但是,诸如高投资成本和发电不确定性等障碍限制了可再生能源发电公司在竞争激烈的电力市场中的参与。为促进可再生能源的可持续发展,各国政府已经颁布和实施了大量的可再生能源激励机制,其中固定上网电价补贴(feed-in-tariff, FIT)和可再生能源配额制(quotas with tradable green certificates)是两类主要的机制工具。固定上网电价补贴被学术界和实践上认为是最有利于促进可再生能源发电的激励机制,目前,固定上网电价补贴被德国、中国、西班牙、美国等国家广泛实施。

　　固定上网电价补贴是根据可再生能源发电的标准成本,政府直接规定可再生能源电力的上网价格,或者以固定的税收/价格对可再生能源的发电量进行购买。其主要特点是能够保证可再生能源发电项目的稳定收益,有利于吸引各类社会资本进入可再生能源领域。固定上网电价补贴偏向于规定可再生能源价格,让市场决定可再生能源数量。在 FIT 下,政府以固定的电价购买绿色电力。然而,FIT 的分配效率并不完全令人满意(Jooste 和 Jasper,2012;Bunk,2001;Siddiqui 等,2016)。如何设定补贴电价以及电价如何随时间、技术水平进行调整是固定上网电价机制成功与否的关键(Alizamir 等,2016)。过低的固定补贴电价不足以支撑可再生能源的扩张需求,并且造成发电企业的可再生能源激励不足。而过于高涨的固定补贴电价又会使得发电企业过分重视发电数量或建立更多的可再生能源发电站,而不关注降低可再生能源发电成本,即可再生能源市场吸引大量的低效率的发电企业,造成政府财政赤字(Barroso 等,2014)。例如,随着中国可再生能源的快速发展,固定电价补贴造成的基金短缺成为阻碍可再生能源持续发展的重要阻碍(NDRC,2016)。权威报告显示,截至 2016 年,中国可再生能源的财政缺口已经超过 70 亿元,若以当前的政策发展,在 2020 年,财政缺口将达到 300 亿元(中国能源报,2017)。虽然中国太阳能装机容量在 2016 年底已经达到 7 742 万千瓦,但是有效小时数一年仅为 1 125 小时,同比去年减少了 99 个小时(NDRC,2017)。可再生能源并没有被有效利用(Min,2016)。

本书对固定上网电价补贴机制进行改进,构造基于日前统一市场拍卖的价格激励机制(IM - UCP),考虑发电企业日前市场策略投标行为,对赢得拍卖的发电企业按单位发电成本的加成进行补偿。结果表明,IM - UCP 可以弥补发电企业采用可再生能源发电与采用传统能源发电的收益差值,有效激励发电企业发展可再生能源。与固定上网电价补贴相比,按发电成本补贴的 IM - UCP 可以缓解国家的财政赤字并促进发电企业降低发电成本。

缺乏惩罚机制也是当前可再生能源市场面临的一个问题。建立适当的补贴机制和惩罚机制有助于发电企业的合理投标。投标使得发电企业之间产生竞争,因此,拍卖本质上是为了揭示发电企业的真实发电成本和发电量。但是电力交易拍卖可能鼓励了发电企业尽可能地低价投标以增加中标的概率,即低价投标或高估发电数量(underbidding)变成了一种策略行为。如法国、英国、中国、巴西等国家在组织拍卖时,均出现了发电企业故意策略性投标,而中标后无法履行发电责任的现象。以英国为例,基于统一市场出清价格拍卖,出最低价的发电企业更有可能赢得财政补助。然而投标低价的发电企业可能并不是由于发电成本低,而是由于项目融资的可能性较低。由于可再生能源发电成本下降没有达到预期投标价格,且政府对于放弃发电的企业没有相应的惩罚机制,很多发电企业选择放弃可再生能源发电或先赢得拍卖再调整发电量。中国可再生能源拍卖也出现了低价投标的现象,但与其他国家不同,中国低投标与中央计划经济的特殊属性有关。赢得投标的企业一般为国有企业(SOE)或国家控股的发电企业,其运营的目标是达到中国的可再生能源发展目标,而非盈利。但随着中国电力体制改革的推进和电力市场的逐步放开,采用市场机制促进可再生能源的高效消纳是当前中国面临的一个挑战。发电企业在没有惩罚机制的拍卖中,不仅会导致策略性投标,在中标后没有惩罚机制或适合的激励机制,还会导致项目延期,进而使得拍卖机制无效率。因此,在拍卖机制设置中,除了需要奖励和补贴机制,还需要保障或惩罚措施以保证可再生能源发电顺利实施。

4.3 新竞价上网补偿机制设计

能源需求的增加和全球气候变化的威胁迫使政府大力推广可再生能源发电。近年来各国已出台和实施了各项环境政策,如固定价格补贴机制、可再生能源配额制等,但成效并不完全令人满意。由于可再生能源发电的间歇性、不确定性以及日常运营成本高等特点,为可再生能源激励机制的设计和实施带来了困难。在实际可再生能源发电监管中,电力生产过程是可以被观察和监管到的,但作为独立的发电企业,其日常运营投入是监管部门很难监管到的。这种信息不对称将导致道德风险问题,即在信息不对称的情况下,发电公司将减少在可再生能源发电的日常运营投入以最大化期望收益。尽管现有的研究已经深入剖析了有效促进可再生能源发电的激励机制,但是针对随机发电过程中的信息不对称问题的发电激励机制,是很少被关注的一个话题。因此,本节构建了基于委托—代理模型的可再生能源发电最优激励机制,通过连续时间的随机最优控制方法提出基于统一市场出清价格拍卖的价格激励机制(incentive mechanism based on uniform clearing price, IM-UCP)。

4.3.1 可再生能源发电竞价上网模型

本书在无限时域下,构建动态的上网电价补贴机制。假设单个发电企业拥有传统能源发电和可再生能源发电两类发电设施。本章相关数学符号含义如表 4.2 所示。

表 4.2　相关数学符号含义

i	发电企业的个数，$i = 1, 2, 3, \cdots, n$
t	时刻 t，$t \in [0, +\infty)$
r	时间折现率
$v_{i,t}$	t 时刻，发电企业 i 在可再生能源生产的日常运营投入，$v_t \in [\underline{v}, \bar{v}]$
$\{q_{i,t}\}_{t \in [0, +\infty)}$	发电企业 i 的可再生能源发电随机过程，服从泊松分布过程
c_i	发电企业 i 的可再生能源单位发电成本
ϕ	传统能源单位发电收益
D_t	t 时刻，可再生能源电力市场需求
p_t^*	t 时刻，可再生能源电力市场出清价格 MCP
$B(c_i \mid \Gamma)$	发电企业 i 在可再生能源电力市场的投标价格
$\pi_t(c_i)$	发电企业 i 在 t 时刻的可再生能源发电收益
$U_{i,t}$	发电企业 i 在 t 时刻的后续期望收益
$H_{i,t}, R_{i,t}$	发电企业 i 在 t 时刻的获胜概率
$\Gamma = \{\beta, \tau(q)\}$	基于统一市场出清价格拍卖的激励机制（IM - UCP）
β	与成本相关（cost-related）的可再生能源的单位补贴
$\tau(q)$	惩罚时间，当发电企业在 $[t, t + \tau]$ 时间段内一直无产出或失标，发电企业将获得财政惩罚
$F(\Gamma^*, U_t)$	政府的效益函数
$w_{i,t}$	t 时刻，发电企业 i 的可再生能源生产得分 $w_{i,t} = U_{i,t}$

其中，可再生能源发电量是与日常运营投入有关的随机过程，与 Morales 等（2014），Do 和 Qiao（2018），Mason 和 Välimäki（2015）等的经典研究假设相

同。自然因素为随机因素且不可控制,发电企业可以收益最大化为目标,选择在可再生能源发电方面的投入,假设发电企业的投入为 $v=\{v_t\}_{t\in[0,+\infty]}$,其中 $v_t \in [\underline{v}, \overline{v}]$。政府可以观测到发电企业的实际可再生能源的发电量,但是日常运营表现不可观测。可再生能源发电量 $q=\{q_t\}_{t\in[0,+\infty]}$ 服从泊松分布过程,日常运营投入 v_t 为泊松到达率,即在区间 $[t, t+\tau]$,可再生能源发电量 $q_t=k$ 的概率为

$$P[(q_{t+\tau}-q_t)=k]=\frac{e^{-v_t\tau}(v_t\tau)^k}{k!} \quad k=0, 1, 2, \cdots \quad (4.1)$$

如等式(4.1)所示,若发电企业持续在日常运营方面进行投入,那么泊松到达率 v_t 将提高。虽然发电企业的日常运营无法观测,但是实际发电量在事后可被证实。假设 ϕ 为单位寻租收益,即在传统能源发电投入的单位收益。由于传统能源发电相比于可再生能源发电更加稳定、成本更低廉,若发电企业在 t 时刻偷懒或者将日常运营投入在传统能源发电上,发电企业获得的寻租收益为 $\phi(\overline{v}-v_t)dt$。可再生能源发电与传统能源发电的优劣势如表 4.3 所示。假设发电企业和政府均为风险中性,时间折现率为 r。

表 4.3　传统能源与可再生能源优劣势对比

	可再生能源发电	传统能源发电
发电成本	发电成本高	发电成本低
运营成本	较高	较低
波动性	随着时间、气候、季节等变化	非常稳定
环境友好	较少温室气体排放	温室气体、二氧化碳等排放
政策补贴	价格补贴、奖励等	税收等
收益	与可再生能源生产量有关	比较稳定,与发电量有关

在任意时间间隔 $[t, t+dt]$ 内,如果发电企业有达到用电标准的可再生能源发电量($q_t \neq 0$),将参加日前可再生能源统一市场出清价格拍卖,向电力市场出售可再生能源电力。在统一市场出清价格拍卖中,每个发电企业 $i(i=1, 2, \cdots, n)$ 向 ISO 递交一个拍卖价格 $b_{i,t}$,市场出清价格是满足电力需求

D_t 的最高价格。如果发电企业投标价格高于市场出清价格,将失去标的。假设发电企业 i 的真实发电成本 c_i(包括运营成本、外部性成本、技术成本和运输成本等)是私有信息,并且成本间相互独立(Winkler 等,2016;Ferruzzi 等,2016;Iychettir 等,2017)。发电企业可通过概率分布估计其他发电企业的私人成本 C,密度函数为 $f(C)$,累计分布函数为 $F(C)$(Hao,2000)。

4.3.2 最优补贴机制的激励相容性

假设激励机制 $\Gamma = \{\beta, \tau(q)\}$,其中 β 是政府对赢得拍卖的发电企业的成本相关的单位补偿。是否实施补偿与发电企业是否赢得拍卖有关。τ 代表潜在的惩罚时间点。当发电企业在 $[t, t+\tau]$ 区间内持续不中标或者持续没有达到标准的可再生能源电力 q,政府将予以威胁(如财政惩罚)。在机制 $\Gamma = \{\beta, \tau(q)\}$ 下,给定一个运营投入过程 v,发电企业 i 的期望收益为 $U(\Gamma)$ 为

$$U(\Gamma, v) = E^v \left\{ \int_0^\infty e^{-rt} [d\pi_t(c_i) + \phi(\bar{v} - v_t)dt] \mid \Gamma \right\} \quad (4.2)$$

其中,E^v 为对过程 v 求期望的算子,$\pi_t(c_i)$ 表示在机制 Γ 下,发电企业参加统一市场出清价格拍卖的期望收益。若 $U_t(\Gamma)$ 表示时间 t 的后续期望收益:

$$U_t(\Gamma, v) = E^v \left\{ \int_t^\infty e^{-rt} [d\pi_t(c_i) + \phi(\bar{v} - v_t)dt] \mid \Gamma \right\} \quad (4.3)$$

我们的目标为寻找一个最优的机制 $\Gamma^* = \{\beta^*, \tau(q)^*\}$,使其满足激励相容约束,即

$$U_t(\Gamma^*, \bar{v}) \geqslant U_t(\Gamma^*, v_t), \ \forall v_t \in [\underline{v}, \bar{v}] \quad (4.4)$$

值得注意的是,在最优机制 Γ^* 下,$U_t(\Gamma^*, \bar{v})$ 为严格的正实数,即满足参与约束。若 $U_t = 0$,即后续期望收益为 0,那么发电企业将停止在可再生能源发电的投资。

接下来的章节,首先求得补贴机制 $\Gamma = \{\beta, \tau(q)\}$,发电企业 i 的最优策略以及期望收益 $\pi_t(c_i)$,然后,再求出最优激励机制 Γ^*,分析激励相容性和最优性。

4.4　最优激励机制求解

4.4.1　发电企业的最优投标策略

假设当发电企业 i 在阶段 $[t, t+\mathrm{d}t]$ 内参加日前统一市场出清价格拍卖,那么将有三种可能的结果:① 以投标价格等于市场出清价格赢得拍卖($b_{i,t}=\mathrm{MCP}$);② 以投标价格小于市场出清价格赢得拍卖($b_{i,t}<\mathrm{MCP}$);③ 输掉拍卖($b_{i,t}>\mathrm{MCP}$)。三种结果的出现概率直接影响发电企业的投标策略。假设发电企业以小于市场出清价格赢得拍卖的概率为 $R_{i,t}$,以等于市场出清价格赢得拍卖的概率为 $H_{i,t}$,因此输掉拍卖的概率为 $1-H_{i,t}-R_{i,t}$。$H_{i,t}$,$R_{i,t}$ 的表达式为

$$H_{i,t}[B^{-1}(b_{i,t})]=C_{n-1}^{D_t-1}F\{C<B^{-1}(b_{i,t})\}^{D_t-1}F\{C>B^{-1}(b_{i,t})\}^{n-D_t+1}$$

$$(4.5)$$

$$R_{i,t}[B^{-1}(b_{i,t})]=\sum_{j=0}^{D_t-2}C_{n-1}^{j}F\{C<B^{-1}(b_{i,t})\}^{j}F\{C>B^{-1}(b_{i,t})\}^{n-1-j}$$

$$(4.6)$$

等式(4.5)表示有 D_t-1 个发电企业投标价格低于发电企业 i 的概率,等式(4.6)表示最多有 D_t-2 个发电企业投标价格低于发电企业 i 的概率。任取一个动态的激励机制 $\Gamma=\{\beta(c),\tau\}$,发电企业 i 的期望收益函数 $\pi_{i,t}(b_{i,t}\mid\Gamma)$ 为

$$\max_{b_i}\pi_{i,t}(b_{i,t}\mid\Gamma)=(b_{i,t}-c_i+\beta)H_{i,t}+(p_t^*-c_i+\beta)R_{i,t}\quad(4.7)$$

p_t^* 表示阶段 t 的实际市场出清价格。为求使发电企业 i 的期望收益 $\pi_{i,t}(b_{i,t}\mid\Gamma)$ 最大化的投标价格 $b_{i,t}$,应满足 $\pi_{i,t}(b_{i,t}\mid\Gamma)$ 对 $b_{i,t}$ 一阶偏导数为 0 的必要条件,即

$$\frac{\partial\pi_{i,t}(b_{i,t})}{\partial b_{i,t}}=H_{i,t}[B^{-1}(b_{i,t})]+(b_{i,t}-c_i+\beta)\left(\frac{\mathrm{d}H_{i,t}[B^{-1}(b_{i,t})]}{\mathrm{d}B^{-1}(b_{i,t})}\frac{\mathrm{d}B^{-1}(b_{i,t})}{\mathrm{d}b_{i,t}}\right)+$$

$$(p_t^*-c_i+\beta)\left(\frac{\mathrm{d}R_{i,t}[B^{-1}(b_{i,t})]}{\mathrm{d}B^{-1}(b_{i,t})}\frac{\mathrm{d}B^{-1}(b_{i,t})}{\mathrm{d}b_{i,t}}\right)=0\quad(4.8)$$

应用反函数微分公式,将 $b_i = B(c_i)$ 代入方程(4.8)中,可得

$$(HB' + BH') + (H' + R')(\beta - c_i) + p_t^* R' = 0 \qquad (4.9)$$

根据两个隐含边界条件 $H[B^{-1}(b_i) = \bar{c}] = 0$,$R[B^{-1}(b_i) = \bar{c}] = 0$,以实际成本 c_i 为下限,最高成本上限 $\bar{c}$ 为上限,对方程(4.9)进行积分可得最优投标价格为

$$B(c_i \mid \Gamma) = \frac{[H_{i,t}(c_i) + R_{i,t}(c_i)](c_i - \beta) + \int_{c_i}^{\bar{c}} [H(c) + R(c)](1 - \beta') \mathrm{d}c - p_t^* R_{i,t}(c_i)}{H_{i,t}(c_i)}$$

$$(4.10)$$

等式(4.10)暗示着发电企业在边际上投标的收益,一定不小于发电企业以相同的事前预期获胜价格的收益少。将 $p_t^* = B(c_i \mid \Gamma)$ 代入等式(4.10)中,可以求得发电企业最优投标价格的一般形式为

$$B_t^*(c_i \mid \Gamma) = c_i + \frac{\int_{c_i}^{\bar{c}} [H_{i,t}(c) + R_{i,t}(c)](1 - \beta') \mathrm{d}c}{H_{i,t}(c_i) + R_{i,t}(c_i)} - \beta \qquad (4.11)$$

代入方程(4.7)中,获得发电企业 i 的期望收益 $\pi_t(c_i \mid \Gamma)$ 为

$$\pi_t^*(c_i \mid \Gamma) = \int_{c_i}^{\bar{c}} [H_{i,t}(c) + R_{i,t}(c)](1 - \beta') \mathrm{d}c \qquad (4.12)$$

引理 4.1 **给定任意一个动态机制 $\Gamma = \{\beta, \tau(q)\}$,如发电企业 i 的最优投标策略 $B_t^*(c_i \mid \Gamma)$ 满足等式(4.11),则最优期望收益 $\pi_t^*(c_i \mid \Gamma)$ 满足等式(4.12)。**

从引理4.1可以看出,发电企业的最优投标价格 $B_t^*(c_i \mid \Gamma)$ 由三部分组成:第一部分为私人真实的发电成本 c_i;第二部分为获胜概率的加成 $\dfrac{\int_{c_i}^{\bar{c}} [H_{i,t}(c) + R_{i,t}(c)] \mathrm{d}c}{H_{i,t}(c_i) + R_{i,t}(c_i)} > 0$,由于成本信息不对称引起租金抽取;第三部分为由于激励性机制带来的投标价格下降 $-\beta - \dfrac{\int_{c_i}^{\bar{c}} [H_{i,t}(c) + R_{i,t}(c)] \beta' \mathrm{d}c}{H_{i,t}(c_i) + R_{i,t}(c_i)} < 0$。由此

可见,补贴机制降低了投标价格,增加了市场竞争性。当补贴高于成本的时候 $(\beta > c_i)$,发电企业将会出现负投标 $(B_t^*(c_i \mid \Gamma) < 0)$。

当 β 是 c 的线性函数时 $(\beta' = 0)$,成本下降并不会为发电企业带来更多的收益。因此在下一章节中,我们重点研究当 $\beta' \neq 0$ 时的最优激励机制 $\Gamma^* = \{\beta^*, \tau^*(q)\}$。在这种情况下,我们证明了发电企业的成本下降不仅可以提高中标的概率,而且会为发电企业带来更多的收益。

4.4.2　最优价格补贴机制求解

同样考虑一个极小时间间隔 $[t, t + dt]$,我们研究中在 dt 时间段内,发电企业的日常运营投入选择。假设发电企业 i 的日常运营投入 $v = v_{i,t}$。由于假设产出服从泊松分布过程,那么发电企业在 dt 时间段内获得 1 MWh 可再生能源发电企业的概率为 $v_{i,t} dt + o(dt)$,相反,没有有效可再生能源产出的概率为 $1 - v_{i,t} dt + o(dt)$。dt 时间段内发电企业的期望收益为,与发电成本 c_i、单位补贴价格 β 直接相关的 $\pi_{i,t}^*(c_i \mid \Gamma)$。根据前文的分析,在 t 时刻,发电企业 i 的后续期望为:

$$dU_{i,t} = \phi(\bar{v} - v_{i,t}) dt + [v_{i,t} dt + o(dt)][\pi_{i,t}^*(c_i) + U_{i,t}] + [1 - (r + v_{i,t}) dt + o(dt)] U_{i,t+dt} \tag{4.13}$$

根据最优控制中的 Hamilton-Jacobi-Bellman(HJB)方程可以得出发电企业 i 的后续效益满足方程(4.14):

$$U'_{i,t} = -\phi(\bar{v} - v_{i,t}) - v_{i,t} \pi_{i,t}^*(c_i) + r U_{i,t} \tag{4.14}$$

根据方程(4.14),为了使发电企业 i 持续努力,其必要条件是可再生能源发电的期望收益不小于传统能源发电的期望收益,即

$$[\bar{v} dt + o(dt)] \pi_{i,t}^*(c_i \mid \Gamma) \geqslant \phi(\bar{v} - \underline{v}) dt + [\underline{v} dt + o(dt)] \pi_{i,t}^*(c_i) \tag{4.15}$$

结合引理 4.1 和不等式(4.15),发电企业 i 的单位补贴 β 应该满足

$$\int_{c_i}^{\bar{c}} [H_t(c_i) + R_t(c_i)][1 - \beta'] dc \geqslant \phi \tag{4.16}$$

经过数学变换,得出最优单位补贴 β^* 满足

$$\beta^* = c - \frac{\phi \int_{c_i}^{\bar{c}} (H_t + R_t)^{-1} \mathrm{d}c}{\bar{c} - c} \tag{4.17}$$

定理 4.1 给定任意的最优激励机制 $\Gamma^* = \{\beta^*, \tau^*(q)\}$，$v_{i,t} = \bar{v}$ 的充分条件是 β^* 等式(4.17)。

β^* 是关于成本 c 的单调递增的凹函数。图 4.1 基于参数 $n = 4$，$D_t = 2$，$\phi = 3$，发电企业成本满足在区间[20, 25]的均匀分布，比较了成本相关的补贴（新竞价上网补贴）与固定价格补贴的差值。结果表明，补贴价格包含了成本信息不对称，弥补了传统能源发电收益与可再生能源发电期望收益之间的差值[见图 4.2(a)]。同时，补贴反映了传统能源市场与可再生能源市场间的联动性。若传统能源收益 ϕ 由于税收或者环境成本导致收益下降，单位最优补贴 β^* 同样也会下降，这与引言中提到的政策建议相一致。当两个能源市场的期望收益相等时，补贴结束。等式(4.17)还与可再生能源市场的市场成本上限 $\bar{c}$ 有关，补贴价格随着市场成本的下降而降低。此外，为了增加市场竞争性，降低市场出清价格，机制仅对获得拍卖胜利的发电企业进行补贴。相比于固定价格补贴，财政赤字在不改变低成本发电企业的策略的背景下降低。同时，成本相关的补贴鼓励高成本的发电企业增加可再生能源发电[见图 4.2(b)]。

然而，单位价格补贴只能保证可再生能源发电与传统能源发电的收益相等，而不足以促进发电企业在可再生能源方面的持续投入。因此，价格补贴机制还有一个潜在的威胁——潜在惩罚时间。为了解决最优惩罚时间 $\tau^*(q)$，我们在机制中引入了"生产得分"(Sun 和 Tian，2018；Demarzo 和 Sannikov，2017；Mason 和 Välimäki，2015)。

定义 4.1(得分系统) 记发电企业 i 在 t 时刻的生产得分为 $w_{i,t}$，如果发电企业在 t 时刻没有获得补贴，那么分数 $w_{i,t}$ 随时间下降直至下次获得补贴，下降率方程为

$$w'_{i,t} = (r - \bar{v}) w_{i,t} - \bar{v} [\pi_t^*(c_i) + \bar{w}_i] \tag{4.18}$$

(4.18)称为得分系统。

如果发电企业在 t 时刻获得了单位补贴 β^*，那么发电企业的生产得分 $w_{i,t}$ 上升至最大分数 $\bar{w}_{i,t}$。

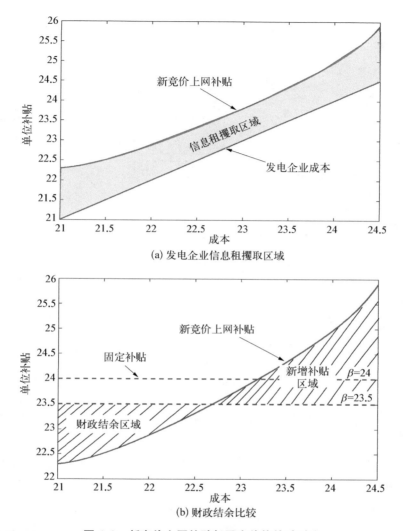

图 4.2　新竞价上网补贴与固定价格补贴对比

$$\overline{w}_{i,t} = \pi_t^*(c_i) - \frac{w_0}{e^{-(r-\overline{v})t} - \overline{v}} \tag{4.19}$$

当得分 $w_{i,t}$ 降为 0 时,政府予以财政处罚,其流程如图 4.3 所示。

分数上限 $\overline{w}_{i,t}$ 不是一个固定的值,而是一个随时间单调递增的函数,其中

$\lim\limits_{t \to \infty} \overline{w}_{i,t} = \pi_{i,t}^*(c_i) - \dfrac{w_0}{1-\overline{v}} < \infty$。 即发电企业参加补贴机制的时间越长,那么

发电企业就有更多的时间间隔 τ。 此外,最大分数 $\overline{w}_{i,t}$ 与发电企业的发电成

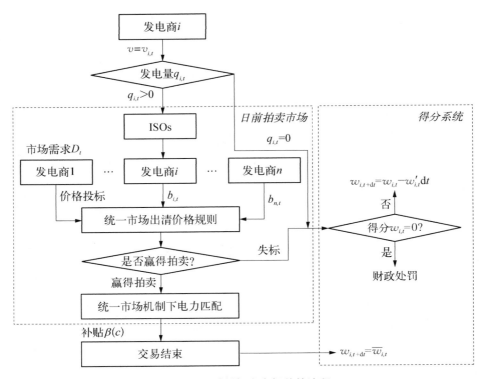

图 4.3　t 时刻与生产相关的流程

本 c_i 有关。成本越低,分数上限越高。这种优势为低成本发电企业提供了优势,为其带来更多的即时激励。

在此得分系统上,接下来先证明发电企业的得分 w_t 与它的后续期望收益 $U_t(\Gamma)$ 相等,以保证参与约束满足(引理 4.2)。然后根据政府的期望收益求出每个发电企业的初始分数 w_0^*,证明这个得分机制对政府来说是最优的(引理 4.3)。

引理 4.2　给定发电企业的最初得分 w_0^*,发电企业在 t 时刻的得分 w_t 总是等于发电企业的后续期望收益 $U_t(\Gamma)$。

证明:

$$
\mathrm{e}^{-rt}w_t = w_0 + \int_0^t \mathrm{d}(\mathrm{e}^{-rt}w_t) = w_0 + \int_0^t -r\mathrm{e}^{-rt}w_t\mathrm{d}t + \int_0^t \mathrm{e}^{-rt}\mathrm{d}w_t
$$

$$
= w_0 + \int_0^t -r\mathrm{e}^{-rt}w_t\mathrm{d}t + \int_0^t \mathrm{e}^{-rt}\left[((r+\bar{v})w_t - \bar{v}(\pi_t^*(c_i) + \bar{w}))\mathrm{d}t + \bar{w}\mathrm{d}Nt\right]
$$

$$
\tag{4.20}
$$

假设 τ 为最优惩罚时间,由于 $w_\tau = 0$, 我们可以获得 $\mathrm{e}^{-r\tau}w_\tau = 0$。 由于 w_t 属于区间 $[0, \overline{w}]$, 结合等式(4.20),我们得到

$$\mathrm{e}^{-rt}w_t = \int_t^\tau \mathrm{e}^{-rt}\big[\overline{v}(\pi_t^*(c_i) + \overline{w} - w_0\mathrm{e}^{(r+\overline{v})t} - \overline{v}(\pi_t^*(c_i) - \overline{w})(\mathrm{e}^{(r+\overline{v})t} - 1))\mathrm{d}t - \overline{w}\mathrm{d}Nt\big] \tag{4.21}$$

将等式两边同时取期望,将 $\overline{w}$ 等于 $\pi_t^*(c_i) - \dfrac{w_0}{\mathrm{e}^{-(r-\overline{v})t} - \overline{v}}$ 代入等式(4.21)中,我们得出

$$\mathrm{e}^{-rt}w_t = E^v\Big[\int_t^\tau \mathrm{e}^{-rt}\big[\pi_t^*(c_i)1_{\{v_t = \overline{v}\}}\ \mathrm{d}t\big] = U_t(\Gamma) \tag{4.22}$$

等式(4.22)表明,任取发电企业的初始收益 w_0, 可以得到 $w_t = U_t(\Gamma)$。

接着,我们求发电企业的最优初始得分 w_0^*。 将 $F(\Gamma^*, U_t)$ 定义为政府的效用,即

$$F(\Gamma^*, w_t) = E^v\left[\int_t^\infty \mathrm{e}^{-rt}(p_t^* - \beta)\mathrm{d}t + \mathrm{e}^{-rt}\frac{p_t^* v}{r}\right] \tag{4.23}$$

其中 p_t^* 为 t 时刻的市场出清价格, $p_t^* \underline{v}$ 为政府的保留效用及所有发电企业以最低运营投入 $v_t = \underline{v}$ 时的收益。在引理4.1中,我们证明了发电企业边际投标的收益不低于发电企业以相同出清价格拍卖预期的收益,即 $p_t^* = B_t^*(c_i)$。类似地,考虑一个极小时间区间 $[t, t+\mathrm{d}t]$,政府的后续收益的 HJB 方程为

$$F(\Gamma^*, w_t) = [\overline{v}\mathrm{d}t + o(\mathrm{d}t)](B_t^*(c_i) - \beta + F(\overline{w})) + [1 - (r + v_t)\mathrm{d}t + o(\mathrm{d}t)]F(\Gamma^*, w_{t+\mathrm{d}t}) \tag{4.24}$$

根据差分方程(4.24),政府的最优机制设计问题可化为

$$\frac{\mathrm{d}w}{\mathrm{d}t}F'(w) + \overline{v}[B_{i,t}^*(c_i) - \beta + F(\overline{w})] - (r + \overline{v})F(w) = 0 \tag{4.25}$$

约束为

$$\frac{\mathrm{d}w}{\mathrm{d}t} = (r + \overline{v})w_t - \overline{v}[\pi_{i,t}^*(c_i) + \overline{w}] \tag{4.26}$$

我们得出政府的效益应满足如下差分方程

$$\left[r+\frac{\bar{v}(\bar{v}-2)}{\bar{v}-1}\right]wF'(w)+\bar{v}\left[F\left(\frac{w}{(\bar{v}-1)}-\pi_{i,t}^{*}(c_i)\right)+B_{i,t}^{*}(c_i)-\beta\right]-$$
$$(r+\bar{v})F(w)=0 \qquad (4.27)$$

其中 $w \in [0,\bar{w}]$。

引理 4.3 任取发电企业的初始收益为 w_0，$F(w_0)$ 等于最优机制的预期收益 $W(\Gamma^*)$。

证明： 任取 $T < \tau^*$，我们有

$$e^{-rT}F(w_T)dt = F(w_0)+\int_0^T -re^{-rt}F(w_t)dt +\int_0^T e^{-rt}F(w_t)dt$$

$$= F(w_0)+\int_0^T -re^{-rt}F(w_t)dt +\int_0^T e^{-rt}\left(F'(w_t)\left(r+\frac{\bar{v}(\bar{v}-2)}{\bar{v}-1}\right)w_t dt +\right.$$

$$\left.\left[F\left(\frac{w_t}{\bar{v}-1}-\pi_t^*(c_i)\right)-F(w_t)\right]dNt\right) \qquad (4.28)$$

将边际条件 $F(w_{\tau^*})=F(0)=\dfrac{B_t^*(c_i)\bar{v}}{r}$ 代入方程(4.27)，两边同时取期望，我们得出

$$W(\Gamma^*)=E\left(\int_0^T [B_t^*(c_i)-\beta(c_i)]\bar{v}dt\right)$$

$$= F(w_0)+E\left\{e^{-rt}\int_0^T \left[F\left(\frac{w_t}{\bar{v}-1}-\pi_t^*(c_i)\right)-F(w_t)\right](dNt-\bar{v}dt)\right\}$$

$$(4.29)$$

其中，$\left|F\left(\dfrac{w_t}{\bar{v}-1}-\pi_t^*(c_i)\right)-F(w_t)\right|<\infty$。随机过程 $\left\{\{M_T\}_{T>0} \mid M_T = \left[F\left(\dfrac{w_t}{\bar{v}-1}-\pi_t^*(c_i)\right)-F(w_t)\right](dN_t-\bar{v}dt)\right\}$ 为鞅，即 $E\left\{e^{-rt}\int_0^T\left[F\left(\dfrac{w_t}{\bar{v}-1}-\pi_t^*(c_i)\right)-F(w_t)\right](dNt-\bar{v}dt)\right\}=0$，我们得出 $W(\Gamma^*)=F(w_0)$，即最优初始得分 w_0^*，应该被设定为使得政府效益 $F(w)$ 最大化的，即 $w_0^* =$

$\arg \max F(w)$。

定理 4.2　补贴机制 $\Gamma^* = \{\beta^*, \tau^*(q)\}$ 是最优激励相容机制,包含两部分:单位成本补贴 β^*,满足等式(4.17)即对每个投标成功的发电企业予以奖励;最优惩罚时间 $\tau^*(q)$,即生产得分降为 0 的时间点。

我们的 IM - UCP 提出了促进可再生能源持续发展的最优价格激励机制(定理 4.2),机制满足传统的"萝卜加大棒"原理。一方面,IM - UCP 为赢得日前拍卖的发电企业提供了成本补偿机制。成本补偿确保了可再生能源发电的期望收益与传统能源发电的收益相等。其补偿仅对赢得拍卖的发电企业进行,这种设定有效地减少了发电企业的投标价格。相比于固定价格拍卖(FITs),异质的补贴机制有效地增加了市场竞争力,并且潜在地激励发电企业降低成本。另一方面,IM - UCP 存在一个潜在的威胁。威胁的效果是直观的。如果发电企业偷懒或者用传统能源发电或可再生能源发电成本过高以至于总是在投标中失败,那么它将面临政府的财政处罚威胁。

4.5　本章小结

为促进可再生能源的繁荣发展,很多国家提出了很多政策和补贴机制。考虑可再生能源发电过程中的不对称信息,本书提出了一个 IM - UCP 价格机制,以促进发电企业持续关注可再生能源的日常运营表现。此外,我们创新性地关注 IM - UCP 如何影响投标策略,并得出了一些有趣的结论。

首先,IM - UCP 满足激励相容约束,包括一个惩罚时间和发电补偿,可有效地促进发电企业最大化其日常运营投入。一方面,补贴使得可再生能源的收益不低于传统能源的收益。另一方面,惩罚时间迫使发电企业在连续的可再生能源发电中投入最大的努力。其次,IM - UCP 可以有效地提高 UCP 的竞争力。补贴只取决于中标或失败,这种设置增加了赢得拍卖的收益,因此发电企业更喜欢设置较低的投标价格,以增加赢的概率。最后,将可再生能源发电与 IM - UCP 中的传统能源发电联系起来,并设定了潜在的停止补偿。根据引理 4.2,当传统能源发电利润 ϕ 减少时,可再生能源发电的补偿也将下降。当两个能源市场的利润相等时,补偿就结束。本书提出的模型是研究可再生能源发电市场信息不对称问题的理论框架。结果及其扩展为政府制定最优政策提供了决策支持。

　　此外,本书也有一些限制。在实践中,由于技术约束和可再生能源的不稳定性,影响可再生能源发电过程的因素很多。本书仅选取可人为控制的发电企业行为作为研究对象。这项研究可以在未来的工作中扩展到多个方向。

第 5 章

多边交易市场下企业竞价策略

5.1 多边交易竞价策略相关研究

5.1.1 我国大用户直购电市场研究

随着我国大用户直购电比例上升,如何构建合理的直购电发展模式,避免市场电价过度波动以减少参与者的风险,是近期学术界和电力行业的关注重点。越来越多的学者基于中国直购电市场现状和目标,运用实证分析、政策研究等方法,对我国直购电发展进行研究。如,胡江溢和陈西颖(2007)基于中国大用户发展历史和现状,结合实际政策对中国大用户发展当前的误区进行了剖析,阐述了大用户直购电目前存在的问题,并从法律、定位、补贴等角度提出了政策建议。Zeng 等(2015)总结了我国"十二五"期间各省"大用户直接购电"的相关政策及实施情况,以云南直购电市场的实际运作为经验,从理论上寻找可行的电力市场方案。李昂和高瑞泽(2014)基于中国东北三省的实际直购电市场数据,研究直购电对电网企业市场力的削弱作用,并从实际电力市场中寻找探究削弱电网企业市场势力的主要原因。周盈等(2015)对直购电背景下电力网络固定成本的分摊问题进行了研究,从需求侧、电网企业和发电侧三方面构建了网络成本分摊的指标体系,根据对参与者偏好的分析,证明了分摊方式的公平合理性。

近年来很多学者开始从博弈理论的角度研究如何构建可行的直购电渠道。如 Youbo 等(2019)以直接购电量比例、使用时间浮动比例、输电价格和电网供电价格作为控制变量,构建了直购电市场的帕累托改进的多目标优化模型。从电力监管者的角度出发研究在不影响任何参与者利益的情况下对控制变量进行优化,以实现社会效益最大化的目标。马文斌和唐德善(2007)运用博弈论构建了多个供电企业合作下的合作博弈模型,并对大用户直购电下的参与者收益进行了分析。Lee 等(2014)运用联合博弈理论分析了由小型发电企业、大型发电企业和大用户参与的电力市场中,三方之间的相互博弈关系,利用渐近沙普利值分析推导出了一种能在小型发电企业和大用户之间实现收入公平分配的电价方案。Hu 等(2013)基于大用户与多类型发电企业进行交易时,大用户的直接购电顺序进行评估和排序。模型以大用户直接购电顺序指标体系为基础,运用熵法、灰色关联度法和理想点法对多类型发电企业大用户的购电顺序进行了评价,为大用户直接购电提供了依据。

现有研究主要对发电企业和大用户之间的博弈关系以及优化方法进行研究。随着电力体制改革的推进以及直购电规模的进一步扩张,直购渠道势必会对零售电渠道产生冲击,尤其是发电企业不仅是大用户的供电者,还是售电企业的上游供电者。当前研究缺乏关于发电企业、售电企业以及用户需求三者博弈关系的系统研究。

5.1.2 电力双渠道供应链研究

电力供应链由过去的单一传统售电方式(发电企业—售电企业—用户),增加了直购电渠道(发电企业—用户)。当发电企业与大用户直接进行交易时,势必会对零售电企业造成一定的冲击,增加了零售电渠道和直购电渠道之间的渠道竞争。因此,本书除了基于电力直购电市场的背景外,还涉及了供应链管理以及渠道竞争相关的研究基础。

供应链管理在学术界和商业界一直受到广泛关注。供应链有一个广泛且经典的定义:"从最终用户到提供产品、服务和信息的原始供应商的关键业务流程的集成(Lambert,2000)。"近年来,关于信息流和物流相互作用下的供应链价格/竞争变成了研究热点(Gunasekaran 和 Ngaib,2004;Zhu 等,2009;Avi 等,2014)。随着信息技术和博弈论的发展,本书更加关注供应链渠道竞争中的三个方面:渠道竞争中的信息价值、供应链战略信息管理以及发电企业(供应商)侵占零售电企业(零售商)的市场后的价格竞争。

1. 信息价值及供应链协调

供应链中的信息共享,包括供应商与零售商之间的纵向信息共享和零售商之间的横向信息共享,当前吸引了越来越多学者的关注。在供应链中,准确掌握需求信息不仅可以使上游供应商快速响应市场,缓解牛鞭效应(Barlas, 2011),还可以降低供应链供需不匹配导致的库存管理成本(Wang,2016)。实际上,由于零售商比供应商更接近消费者和市场,因此零售商预测市场需求通常比供应商更准确,即信息不对称,此时需求共享是解决需求不对称的有效方式。

之前的研究通过对比信息共享前后的供应链收益,研究需求信息对供应商和零售商的价值(Kostamis 和 Duenyas,2011;Huang 等,2016;Yue 和 Liu, 2006)、对社会福利的影响(Marucheck 等,2011;Albanesi 和 Sleet,2010)和对供应链协调的作用(Kalkanci 和 Erhun,2012;Muthusamy 等,2008)。由于供应链的形式不同,不同文献对信息价值的观点也有所不同,甚至相反。如 Hyndman 等(2013)实证研究需求信息共享对供应链参与者收益的影响,表明传统供应链中零售商有横向需求共享的动机。相反,Özer 等(2014)认为零售商并不总是从信息共享中受益,零售商的收益与需求波动和供应链结构有关。此外,其他文献也证明了信息共享对零售商的有害影响(Khundker,2014)。但所有文献均有的一致观点为:作为零售商的上游进货企业,对供应商来说,信息共享一定是有益的。由于零售商并不总是从信息共享中获益,因此很多学者从供应商收益最大化的角度,通过供应商支付信息租的方式,设计合同诱导零售商分享自己的私人需求信息达到供应链协调,如收益共享合同、两部制合同等。尽管合同可以"迫使"零售商与供应商共享需求信息,但在实验(Ho, 2004)和许多现实案例(Brooker K,1999)中显示,一些合同如收益共享合同、数量折扣合同等,其实际数字表现明显低于供应链协调水平。

在这些经典文献中,无论信息共享对零售商是有害还是有益的,零售商和供应商都没有战略性地控制信息流。换句话说,共享的信息必须是"真实的"或者可以被第三方机构验证真伪。而本书从理性人的角度研究了不同的信息共享观——战略信息共享。即以收益最大化为目标的售电企业,以定价策略为信号与发电企业进行信息共享时,零售商有动机操纵共享信息。

2. 供应链策略信息管理

在实际供应链中,即使需求信息是零售商私有的,零售商并不想与供应商共享需求信息,供应商仍然可以通过其他一些方式来推断市场需求——信息泄漏,例如零售商的订单数量和销售点的销售数据(Niu,2017)。因此,理性的零售商会策略性地向供应商传递信息,即策略信息管理。目前,关于供应链策略信息共享的研究比较罕见,其中经典文献集中研究传统供应链,即由一个供应商和两个零售商组成的二级供应链(Gilbert,2007;Lee 和 Yang,2013)。

2009 年,Anand 和 Goyal(2009)假设需求规模服从高—低两点分布,首次在传统供应链中提出了策略信息管理的定义。其文章表明,当需求规模高时,拥有需求信息的零售商有动机订低的进货量,传递低需求规模的信号给供应商和没有需求信息的零售商,以获取额外收益。也就是说需求信息可能被"捏造"并可能扭曲整个供应链的效率。基于 Anand 和 Goyal 的模型,Kong 等(2013)探讨了通过收入共享合同来促进信息共享,以达到协调供应链,减少整体供应链损失的目的。Xiao(2016)设计了一系列的批发价—订货量合同,以诱导零售商传递真实的需求信息,但是供应商需要支付信息租金。此外,Birendra 等(2017)、Lutze 和 Özalp(2008)、Guido 和 Karl(2012 年)同样系统地分析传统供应链中的策略信息管理问题。值得注意的是,大部分的文献中有一个关键假设:需求规模函数被描述为两点分布——高需求规模和低需求规模,近年来的文献推广至三点分布——高—中—低需求规模(Wagner,2015)。

3. 供应商侵入下的供应链定价

本书的研究也是对当前双渠道供应链信息管理相关文献的拓展。随着电子商务的兴起,消费者的需求偏好越来越多样化(Xiao,2016)。为了满足不同的消费者,很多传统的供应商增加了直购渠道以占据更多的市场份额,如互联网销售。传统 B2B(business-to-business)和现代 B2C(business-to-customer)的结合已经成为一种流行的市场结构(双渠道供应链),广泛适用于很多领域。据报道,约 42% 的顶级供应商,如 IBM、戴尔、沃尔玛和淘宝,都通过双渠道结构向消费者进行销售(Soleimani,2016)。与传统的供应链相比,对于零售商来说,供应商不仅是自己的上游生产供应商,而且是自己的竞争对手。即供应商和零售商之间不仅存在纵向竞争,而且在双渠道供应链中也存在横向竞争(Chiang,2003)。在这种背景下,研究双渠道供应链信息管理的文献不断增加(Klein,2007)。

关于双渠道供应链的研究主要集中在供应商侵入零售商市场后,与零售商的价格/数量博弈(Li 和 Ma,2014)。如,Li 等(2014)基于一个供应商和一个零售商组成的双渠道供应链研究了信息不对称条件下供应商的侵占行为问题。模型结果表明,供应商的侵占能力会直接影响供应商的战略选择,在不同的情况下,供应商更倾向于将产品销售给完全掌握需求信息的零售商和完全不知情的零售商。这是由于完全不知情的零售商降低了与供应商直购渠道的竞争,而完全掌握需求信息的零售商提供给供应商更好的需求信息,使供应商拥有了信息优势。在下一年,同一个研究团队(Li 等,2015)研究了信息不对称下,双渠道供应链的定价策略。他们发现,供应商和零售商的收益取决于产品的单位成本和零售商的风险规避程度。在两篇文章中,零售商总是能够准确预测市场需求,且零售商的需求信息被真实传递,即零售商是非策略性的。关于双渠道供应链定价的研究大部分默认渠道商品是同质的(完美的替代品),零售商和供应商面临着相同的市场。

5.1.3　研究评述

当前关于大用户直购电的研究,一般通过政策分析和数据分析的角度,对大用户直购电的发展和问题进行探讨,研究发电企业和大用户之间的公平利益分配准则(胡江溢和陈西颖,2007;Zeng 等,2015;周盈等,2015),较少文献关注大用户直购电市场参与者之间博弈关系,关于直购电渠道对售电企业的影响研究也比较罕见。

在实际电力销售中,由于电力具有替代性,直购电渠道与传统购电渠道存在渠道竞争。零售渠道的电力价格会影响发电企业与大用户之间的博弈关系。此外,在电力市场中,发电企业是售电企业的上游企业,发电企业在构建直购渠道时,也会影响与售电企业之间的电力批发价的制定。因此,在研究大用户直购电市场博弈关系时,售电企业的决策占据重要的地位,即直购电交易市场是发电企业、大用户、售电企业三方博弈的结果。尤其是随着直购电渠道的壮大,发电企业侵入售电企业的需求市场会导致渠道竞争加剧,进而影响直购电渠道和零售电渠道的电力价格。本书结合电力市场实际运营,构建了在双渠道电力供应链下,即传统购电渠道(发电企业—售电企业—大用户)和直购电渠道(发电企业—大用户)双渠道购电模式下,发电企业和售电企业的最优策略,系统地分析了直购电渠道的扩大对电价、参与者收益以及市场效率的影响,完善了当前对大用户直购电市场的研究。

此外,本研究也是对供应链信息共享研究的补充。当前关于渠道信息共享的研究一般基于传统供应链管理,即由一个上游供应商和两个下游零售商组成的供应链(Gilbert,2007;Lee 和 Yang,2013)。其中,文献中一个关键的假设是:需求函数服从两点分布,即高—低需求分布。为了寻找一个更系统、更现实的供应链价格竞争参考,我们将需求规模的两点分布推广到一般分布函数,论证了当需求规模分布满足连续分布时,定价扭曲仍然存在,扭曲程度与产品成本、消费者偏好、渠道竞争性等因素有关。研究需求规模为一般分布的供应链策略信息管理在以前的研究中很少被关注。最后,当前的文献关注于供应商的侵占能力和零售商偏好对双渠道供应链定价的影响(Li 和 Ma,2014;Klein,2007),而较少关注双渠道供应链产品的特质和现实电力市场的环境特征。本书以渠道电力差异化和大用户渠道偏好为研究重点,研究了产品异质性条件下供应链的战略信息共享问题,结果表明,大用户偏好和产品差异化会影响两个渠道的竞争强度,进而会导致一些意料之外的规律。

5.2 多边交易电力市场博弈关系分析

5.2.1 多边交易电力市场

为了降低成本,提高电力经营效率,打破零售电企业独家买卖电力的市场格局,我国于早在"十一五"期间在《关于"十一五"深化电力体制改革的实施意见》中提出了直购电(direct power-purchase)的工作,并且在广东、吉林和四川等地成功试点。《5 号文》第二十二条规定:"在条件具备的地区,开展发电企业向较高电压等级或较大用电量的用户和配电网直接供电的试点工作,直接供电量的价格由发电企业与用电企业协商确定,并执行国家规定的输配电价。"其中,所谓大用户直购电是指电厂和终端购电大用户之间通过直接交易的形式协定购电量和购电价格,然后委托电网企业将协议电量由发电企业输配终端购电大用户,并另支付电网企业所承担的输配服务。随着电力体制改革的推进,大用户直购电的试点范围或将进一步扩大,这被学术界看作中国电价改革的实质性措施。

随着大用户逐步放开选择权,曾经传统购电方式(发电企业—零售电企业—用户)的改变对参与者的收益分配、定价以及议价能力都产生了影响。对发电企业而言,直购电的放开增加了新的售电方式。由过去单一的零售电企业用户,变为零售电企业和大用户双渠道售电方式,这使得发电企业相对于过去更具有议价能力,定价灵活性也极大增强。同样对大用户而言,直购电增加了新的购电渠道,直购电渠道和传统渠道双渠道竞争会使得市场均衡电价下降,增加大用户的消费者剩余,使大用户拥有了"讨价还价"的空间。但是,从零售电企业来看,实行直购电从过去固有的发电企业—零售电企业—大用户模式,缩减为发电企业—大用户模式,发电企业会攫取部分零售电企业的用户群体,无形中从上游电力批发价制定、下游零售电价制定两方面削弱了零售电企业的市场力和收益。因此,本章基于这样的现实背景,从博弈论的角度分析在直购电背景下发电企业、售电企业和大用户之间的价格博弈,以及最优定价策略。

5.2.2 三方博弈主体

我们先讨论大用户直购电市场的主要特征,分析博弈主体、博弈变量及博弈时序。双渠道购电模式被广泛应用于多个国家的大用户电力市场中,如中国大用户直接交易市场、智利电力市场等。以中国重庆市为例,《重庆市电力用户与发电企业直接交易试点方案》(渝府办发〔2015〕99 号)规定对年用电量高于 500 万千瓦时的大工业电力用户可自行参加直接交易(与发电企业进行直接交易),或可通过传统分布式发电系统购买电力。逐步给予大用户自由选择权,允许电力用户根据自身电力需求偏好自由选择并更换发售电企业,形成用户自购电局面。因此,本书假设发电企业可通过传统渠道(traditional-channel)销售电力(将部分电力卖给零售电企业,由零售电企业卖给用电企业),也可通过直购电渠道(direct-channel)将电力直接卖给用电企业。其市场结构如图 5.1 所示。

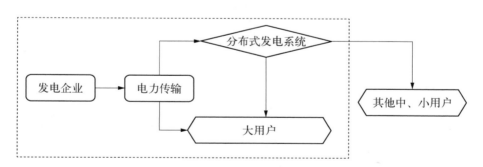

图 5.1 大用户直购电市场结构

考虑一个由发电企业、零售电企业以及大用户组成的三方博弈环境。本书假设每个时间段内发电企业拥有的电力是恒定的,即发电企业生产电力需要较长的原材料采购提前期(Soleimani 等,2016)。发电企业的双决策变量分别是:卖给零售电企业的电力批发价 w 和直接与大用户交易的直购电价 p_s。零售电企业的决策变量为传统渠道下卖给大用户的电力零售价 p_r。大用户根据自身需求、偏好以及电价选择两个渠道的订购电量。由于零售电企业具有用户需求信息，而发电企业需要通过传统渠道的电价来估计用户需求，因此零售电企业拥有先动优势。博弈决策过程可化为一个多阶段的顺序博弈，其博弈时序及结构如图 5.2 和图 5.3 所示。① 发电企业决定电力批发价 w；② 根据市场信息获取成本，零售电企业决定是否获进行大用户用电需求调查；③ 零售电企业决定电力零售价格 p_r；④ 发电企业根据零售电企业的定价决策推断市场需求并决定大用户直购电价 p_s；⑤ 签署合同，实际电力需求量 D_s、D_r 由实际用户需求函数决定。

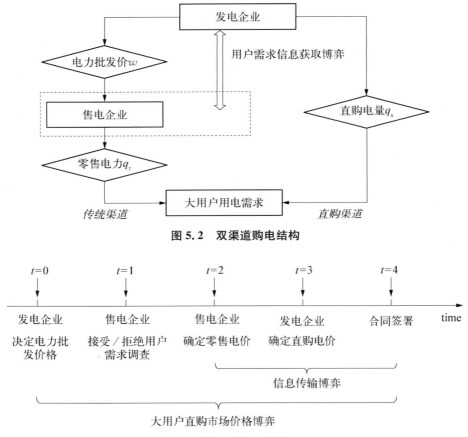

图 5.2　双渠道购电结构

图 5.3　电力双渠道市场博弈时序

根据博弈时序，为了找到完美贝叶斯纳什均衡，我们将博弈化为两个部分，需求信息获取博弈和信息传输博弈，如图 5.3 所示。如果零售电企业进行市场调查,掌握大用户电力需求,那么零售电企业和发电企业之间就会产生需求信号传递,即本书定义的信息传输博弈。如果零售电企业拒绝信息获取,那么用电需求对零售电企业和发电企业来说都是不确定的,那么博弈为不完全信息对称博弈。假设发电企业、用电企业以及零售电企业均为风险中性,且以收益最大化为目标。三方博弈可看作一个不对称信息下的多阶段博弈,本章相关数学符号含义如表 5.1 所示。

表 5.1 相关数学符号含义

c	kWh,单位发电成本
w	发电企业的决策变量,表示传统渠道下的电力批发价
p_r	零售电企业的决策变量,表示传统渠道下的零售电价
p_s	发电企业的决策变量,表示直购电渠道下的市场电价
π_s	发电企业的收益
π_r	零售电企业的收益
D_s	直购电渠道下的电力需求
D_r	传统渠道下的电力需求
a	需求不确定因素,表示直购电市场的最大市场规模
a_{upper},a_{lower}	直购电市场的最大市场规模 a 的上限和下限
a_1	直购电渠道下的价格敏感系数
a_2	传统渠道下的价格敏感系数
$\rho \in [0,1]$	大用户相对于零售渠道,对直购电渠道的偏好
β	零售渠道和直购电渠道的交叉价格敏感系数
C	发电企业的市场调查成本

5.2.3 大用户用电需求

发电企业和零售电企业关于电力用户需求信息的掌握程度不同。由于直购电的起源和发展历史都比较短,从 2004 年起大用户直购电开始实施并逐步完善到现在,仍处于小范围内的试点阶段,而零售电企业与电力用户之间的直接交易已有百年的历史。因此相对于发电企业,零售电企业无论在经验上、输电位置上(供应链下游)对电力需求侧都更加了解。此外,直购电的渠道规模相对于传统零售渠道的规模比较小。以中国为例,除山西和内蒙古外,其余试点城市的直购电交易规模都不大,大部分的直购电试点城市都会对交易总量或单个电力用户的交易量进行限制。因此,发电企业更关注降低发电成本或提高电力批发价格的议价能力,花费大量的时间精力进行电力用户市场需求调查相对是成本较高的。反之,零售电企业作为电力交易的中间商,更加关注市场调节(market mediation),对用电数据也拥有着更强的解释能力(Li 等,2015)。由于零售电企业在电力销售过程中的专业知识和出色的预测能力,其通常比上游的发电企业更加了解大用户的需求变化(Li 等,2014 年)。即使发电企业拥有了自己的直营渠道,零售电企业的信息优势也可能持续存在(Li 和 Ma,2014 年;Li 等,2014 年;2015 年;Huang 等,2018 年)。

因此,在非对称信息的情况下,发电企业一个可行的方法是利用零售电企业的信息优势进行后续一系列的定价策略(Huang 等,2018)。但是中国大用户市场的运营时间较短,直购电仍是在政府指导和撮合下进行直接交易而非放开的竞争性市场,因此当前还没有关于直购电市场信息共享的研究,更多的研究集中在大用户准入条件、直购电经济影响和环境影响等方面。在其他行业中,如电子行业、工业行业以及医疗设备行业等,供应商侵入零售商的市场以直销商品,势必会造成供应商和零售商之间关于需求信息共享的博弈。在 BearingPoint 的一项研究中,在美国零售商与供应商的沟通频率和范围(inventory management,2003)正急剧增长,其中与供应商分享销售预测信息的受访者随着时间的推移显著增加。然而,一旦零售商与竞争对手共享其宝贵的私有信息,其控制或限制访问该信息的能力就会受到严重损害(Anand 和 Goyal,2009;Clark 和 Hammond,1997)。因此,零售商可能有动机操纵其共享的信息,以确保利润最大化。例如,Solectron,美国主要的电子产品供应商之一,由于零售商提供的预测需求过高,导致其零部件库存超过了 47 亿美元(Engardio,2001)。Solectron 并不是唯一一个在信息管理方面有问题的公司。Frazier 等(2009)对三个行业的 479 个经销商进行了调查,包括医疗设备、工业设备和工业用品。他们发现,环境的高不确定性阻碍了零售商与供应商共享内部私人信息,这对公司的长期决策产生了很大的影响。上游供应商没有有效的需求信息会限制供应链满足最终市场的能力。尤其是在双渠道供应链结构中,供应商不仅是零售商的上游生产供应商,而且是零售商的竞争对手,这一问题更加明显和严重(Brooker,1999；Özer 等,2014)。从实践中观察到的这些问题促使我们去探究：如果大用户直购电市场彻底放开,零售电企业和发电企业战略信息共享在价格战中的作用是什么? 具体来说,零售电企业自愿分享大用户的"真实"需求信息的条件是什么? 零售电企业操纵共享信息的动机如何扭曲直购电市场和零售电市场的均衡电价?

为此,我们先对大用户在两个渠道的用电需求进行定义。由于大用户购电渠道偏好的不同,虽然两个渠道的电力作为商品是同质的,但直购电和传统渠道的价格、电力稳定性、配套服务等因素使得两个渠道的电力为相互替代的不同商品。本书假设大用户在直购电渠道的电力需求和传统渠道的电力需求分别是各自渠道价格的反函数,此外两个渠道间存在交叉价格敏感性,即电力需求函数如式(5.1)和(5.2)所示(Yao 和 Liu,2005；Huang 等,2013；Raju 和 Abhik,2000；Hua 等,2010)。

$$D_r = (1-\rho)a - a_1 p_r + \beta p_s \tag{5.1}$$

$$D_s = \rho a - a_2 p_s + \beta p_r \tag{5.2}$$

其中,D_r,D_s 分别是传统零售渠道(power retailer)和电力直销渠道(power direct supplier)中的电力需求数量。$\rho \in [0,1]$ 表示大用户需求的偏好,经济含义为当电力价格为 0 时,大用户对直销的偏好的相对百分比。a_1、a_2 是常数,表示两个渠道的电力价格敏感系数。假设 a_1、a_2 大于 β,即自身渠道中价格敏感性比渠道交叉价格敏感性更大。电力需求规模 $a \in [a_{lower}, a_{upper}]$ 是随机变量,表示大用户需求的不确定性,其密度函数为 $f(a)$,期望和方差分别为 $E(a) = \bar{a}$,$\mathrm{Var}(a) = \sigma^2$。因此大用户总需求量为两个渠道的电力需求之和,即

$$D = D_r + D_s = a - (a_1 - \beta)p_r - (a_2 - \beta)p_s \tag{5.3}$$

发电企业和零售电企业的收益分别为

$$\pi_s = (p_s - c)(\rho a - a_2 p_s + \beta p_r) + (w - c)[(1-\rho)a - a_1 p_r + \beta p_s] \tag{5.4}$$

$$\pi_r = (p_r - w)[(1-\rho)a - a_1 p_r + \beta p_s] \tag{5.5}$$

其中,w 是发电企业提供给零售电企业的电力零售价格,c 为发电成本。发电

企业和零售电企业的总收益(电力双渠道供应链总收益)为:

$$\pi = \pi_s + \pi_r = (p_s - c)D_s + (p_r - c)D_r \tag{5.6}$$

零售电企业比发电企业拥有信息优势,即若零售电企业选择进行需求信息获取,就可以准确地知道大用户的用电需求规模 a,而发电企业维持对电力需求规模 a 的估计信念。在电力销售到来时,发电企业根据零售电市场的定价 p_r 更新对需求规模 a 的估计;若零售电企业拒绝需求信息获取,那么零售电企业和发电企业都维持原有的对电力需求规模 a 的估计。接下来我们先求零售电企业拒绝需求信息获取时,电力市场的最优定价和双方的期望收益,再求零售电企业选择需求信息获取时,双方的最优定价和期望收益。最后求出两种情况的差值,即为需求信息的价值。

5.3 信息对称下多边交易市场均衡

首先,我们以零售电企业拒绝需求信息获取为基本情景,求得在信息对称情况下的最优定价策略。在这种市场条件下,大用户电力需求对零售电企业和发电公司来说都是不确定的,双方的定价策略都是电力需求的分布,因此需求信息是不完美且对称的。我们运用逆推法(backward deduce method, BDM),可以得到需求不确定情况下的最优定价策略,即定理 5.1。

定理 5.1 当零售电企业拒绝电力需求信息获取时,即在不确定电力需求情况下,电力市场完美贝叶斯纳什均衡(perfect Bayesian nash equilibrium, PBNE)如下。

(a) 发电企业最优电力批发价为

$$
w^* = \begin{cases}
-\dfrac{2(1-\rho)a_2[(\beta^2 - 2a_1a_2)^2 + a_1a_2\beta^2] + \rho\beta(\beta^4 + 8a_1^2a_2^2 - 5a_1a_2\beta^2)}{2(\beta^2 - 2a_1a_2)^3 + 2a_1^2a_2^2\beta^2}\bar{a} + \\[2ex]
\quad \dfrac{(\beta^2 - 2a_1a_2)^3 - \beta^3 a_2(\beta^2 - a_1\beta - a_1a_2)}{2(\beta^2 - 2a_1a_2)^3 + 2a_1^2a_2^2\beta^2}c, \text{ 如果 } \Theta(\rho) \leqslant \rho < 1 \\[2ex]
\dfrac{[2(1-\rho)a_2\beta - \rho\beta^2 + 4\rho a_1a_2]}{2(4a_1a_2^2 - 2a_2\beta^2 - 3a_1a_2\beta + \beta^3)}\bar{a} + \dfrac{4a_1a_2^2 - a_2\beta^2 + \beta^3}{2(4a_1a_2^2 - 2a_2\beta^2 - 3a_1a_2\beta + \beta^3)}c, \\[2ex]
\quad \text{如果 } 0 < \rho < \Theta(\rho)
\end{cases}
$$

$$\tag{5.7}$$

其中, 阈值 $\Theta(\rho)$ 表达式由式(5.24)给出。

(b) 零售电企业最优零售电价为

$$p_r^* = \frac{2(1-\rho)a_2\bar{a} + (\rho\bar{a} - \beta c + a_2 c)\beta + 2a_1 a_2 w^*}{4a_1 a_2 - 2\beta^2} \tag{5.8}$$

(c) 发电企业最优直购电价为

$$p_s^* = \frac{\rho\bar{a} + a_2 c + (w^* - c)\beta}{2a_2} + \frac{[2(1-\rho)a_2\bar{a} - \beta^2 c + a_2\beta c + \rho\beta\bar{a} + 2a_1 a_2 w^*]\beta}{2a_2(4a_1 a_2 - 2\beta^2)} \tag{5.9}$$

(d) 零售电企业的期望收益为

$$E(\pi_r^*) = (p_r^* - w^*)[(1-\rho)\bar{a} - a_1 p_r^* + \beta p_s^*] \tag{5.10}$$

证明： 根据图 5.3 中的博弈时序, 运用逆推法首先求第三阶段最优直购电价 p_r, 给定电力批发价格 w 和电力零售电价 p_r, 发电企业的期望收益 $E(\pi_s \mid w, p_r)$ 为

$$E(\pi_s \mid w, p_r) = \int (p_s - c)(\rho a - a_2 p_s + \beta p_r) + (w - c)[(1-\rho)a - a_1 p_r + \beta p_s]da \tag{5.11}$$

发电企业根据一二阶段已确定的批发价 w 和零售电价 p_r, 选择最优的直购电价 p_s, 使得期望收益 $E(\pi_s \mid w, p_r)$ 最大化, 即最优 p_s 满足等式(5.11)对 p_s 的偏导数为 0, 即

$$\frac{\partial E(\pi_s \mid w, p_r)}{\partial p_s} = \rho\bar{a} - 2a_2 p_s + \beta p_r + \beta(w - c) = 0 \tag{5.12}$$

整理得出发电企业的最优价格反应函数为

$$p_s(w, p_r) = \frac{\rho\bar{a} + a_2 c + (w - c + p_r)\beta}{2a_2} \tag{5.13}$$

同理, 逆推法求第二阶段零售电企业的最优零售电价 $p_r(w)$, 给定电力批发价格 w, 零售电企业的期望收益 $E(\pi_r \mid w)$ 为

$$E(\pi_r \mid w) = \int (p_r - w)[(1-\rho)a - a_1 p_r + \beta p_s]da \tag{5.14}$$

将发电企业的最优反应函数 $p_s(w, p_r)$（方程 5.13）代入零售电企业的期望收益 $E(\pi_r \mid w)$ 式（5.14）中，对其对 p_r 求偏导数为 0，使得零售电企业期望收益 $E(\pi_r \mid w)$ 最大化。

$$\frac{\partial E(\pi_r \mid w)}{\partial p_r} = (1-\rho)\bar{a} - a_1 p_r + \beta \frac{\rho\bar{a} + a_2 c + (w - c + p_r)\beta}{2a_2} +$$

$$(p_r - w)\left(\frac{\beta^2}{2a_2} - a_1\right) = 0 \qquad (5.15)$$

整理得出零售电企业的最优定价策略为

$$p_r(w) = \frac{2(1-\rho)a_2\bar{a} + (\rho\bar{a} - \beta c + a_2 c)\beta + 2a_1 a_2 w}{4a_1 a_2 - 2\beta^2} \qquad (5.16)$$

最后求第一阶段发电企业的最优电力批发价 w，根据二三阶段的最优反应函数，发电企业的最优电力批发价定价问题可以看作如下的最优决策问题。

$$\max_w E(\pi_s) = \int (p_s - c)(\rho a - a_2 p_s + \beta p_r) + (w - c)((1-\rho)a - a_1 p_r + \beta p_s)\mathrm{d}a$$

$$(5.17)$$

其约束条件为式（5.13）和（5.16），及

$$p_s \geqslant w \qquad (5.18)$$

目标函数（5.17）是最大化发电企业的收益，等式（5.13）和（5.16）表示后续零售电企业和发电企业的最优反应函数。不等式（5.18）是零售电企业的参与约束，为了阻止零售电企业以较低的价格在直销渠道上购买电力，再在零售电市场进行销售以进行套利的行为。可以看出目标函数（5.17）是关于 w，p_s 的联合凸函数，因此该决策问题有唯一解。

放松约束条件 $p_s \geqslant w$，引入拉格朗日乘子 $\lambda \geqslant 0$，可以得出该决策问题的 KKT 条件（Karush - Kuhn - Tucker conditions）为

$$\frac{\partial p_s}{\partial w}(\rho a - 2a_2 p_s + \beta p_r + a_2 c) + [(1-\rho)a - a_1 p_r + \beta p_s] +$$

$$(w - c)\left(\beta \frac{\partial p_s}{\partial w} - a_1 \frac{\partial p_r}{\partial w}\right) + \lambda\left(\frac{\partial p_s}{\partial w} - 1\right) = 0 \qquad (5.19)$$

$$\lambda(p_s - w) = 0 \tag{5.20}$$

$$\lambda \geqslant 0 \tag{5.21}$$

（1）当 $\lambda = 0$ 时，约束 $p_s \geqslant w$ 为松约束。将 $\lambda = 0$ 代入过程（5.19）中，我们可以得到最优电力批发价满足（5.7）。将最优电力批发价反代入（5.13）和（5.16），我们可以发电企业的直销的最优定价 p_s^* 以及零售电企业的最优零售价格 p_s^* 分别为：

$$p_r^* = -\frac{2(1-\rho)a_2(\beta^4 + 6a_1^2a_2^2 - 5a_1a_2\beta^2) + \rho\beta(\beta^4 + 8a_1^2a_2^2 - 5a_1a_2\beta^2)}{2(\beta^2 - 2a_1a_2)^3 + 2a_1^2a_2^2\beta^2}\bar{a} +$$
$$\frac{\beta^6 - 4a_1^3a_2^3 - a_2\beta^5 + 8a_1^2a_2^2\beta^2 - 5a_1a_2\beta^4 + 5a_1a_2^2\beta^3 - 4a_1^2a_2^3\beta}{2(\beta^2 - 2a_1a_2)^3 + 2a_1^2a_2^2\beta^2}c \tag{5.22}$$

$$p_s^* = -\frac{2(1-\rho)\beta[(\beta^2 - 2a_1a_2)^2 + a_1^2a_2^2] + \rho a_1(\beta^4 + 8a_1^2a_2^2 - 5a_1a_2\beta^2)}{2(\beta^2 - 2a_1a_2)^3 + 2a_1^2a_2^2\beta^2}\bar{a} +$$
$$\frac{a_1(\beta^5 - 3a_2\beta^4 - 3a_1a_2\beta^3 + 11a_1a_2^2\beta^2 + 2a_1^2a_2^2\beta - 8a_1^2a_2^3)}{2(\beta^2 - 2a_1a_2)^3 + 2a_1^2a_2^2\beta^2}c \tag{5.23}$$

将（5.22）和（5.23）代入约束条件 $p_s \geqslant w$ 中，我们得到该最优解的适用范围为

$$\rho \geqslant \frac{(2a_1^2a_2^2 + a_1a_2^2\beta - 3a_1a_2\beta^2 - a_2\beta^3 + \beta^4)(a_1 - \beta)\beta c}{(8a_1^3a_2^2 + 8a_1^2a_2^3 - 18a_1^2a_2^2\beta - 5a_1^2a_2\beta^2 - 6a_1a_2^2\beta^2 + 13a_1a_2\beta^3 + a_1\beta^4 + 2a_2\beta^4 - 3\beta^5)\bar{a}} +$$
$$\frac{2(4a_1^2a_2^3 - 5a_1^2a_2^2\beta - 3a_1a_2^2\beta^2 + 4a_1a_2\beta^3 + a_2\beta^4 - \beta^5)}{(8a_1^3a_2^2 + 8a_1^2a_2^3 - 18a_1^2a_2^2\beta - 5a_1^2a_2\beta^2 - 6a_1a_2^2\beta^2 + 13a_1a_2\beta^3 + a_1\beta^4 + 2a_2\beta^4 - 3\beta^5)} \tag{5.24}$$

为了书写简便，定义不等式右端为阈值 $\Theta(\rho)$。

（2）当 $\lambda > 0$ 时，$p_s \geqslant w$ 为紧约束。在这种条件下，$p_s = w$。解方程组（5.19）~（5.21），可得最优电力批发价为等式（5.7）。将其代入（5.13）和（5.16），可得到当 $\rho < \Theta(\rho)$ 时，发电企业的直销最优定价 p_s^* 以及零售电企业的最优零售价格 p_r^* 分别为

$$w^* = p_s^* = \frac{2(1-\rho)a_2\beta - \rho\beta^2 + 4\rho a_1 a_2}{2(4a_1 a_2^2 - 2a_2\beta^2 - 3a_1 a_2\beta + \beta^3)}\bar{a} +$$

$$\frac{4a_1 a_2^2 - a_2\beta^2 + \beta^3}{2(4a_1 a_2^2 - 2a_2\beta^2 - 3a_1 a_2\beta + \beta^3)}c \quad (5.25)$$

$$p_r^* = \frac{2(1-\rho)(2a_2-\beta)a_2 + \rho(2a_1 a_2 - \beta^2 + 2a_2\beta)}{2(4a_1 a_2^2 - 2a_2\beta^2 - 3a_1 a_2\beta + \beta^3)}\bar{a} +$$

$$\frac{(a_2-\beta)(2a_1 a_2 - \beta^2 + 2a_2\beta)}{2(4a_1 a_2^2 - 2a_2\beta^2 - 3a_1 a_2\beta + \beta^3)}c \quad (5.26)$$

定理 5.1 给出了电力需求不确定情况下多阶段定价博弈的 PBNE。市场均衡由需求规模的期望及大用户偏好 ρ 有关。当用户偏好 ρ 大于阈值 $\Theta(\rho)$ 时，相比传统零售渠道，大用户更偏向于从直销渠道购买电力。在这种条件下，零售电企业和发电企业的价格策略等同于一个三阶段定价博弈，可通过回溯法求解。相反，当用户偏好 ρ 小于阈值 $\Theta(\rho)$ 时，意味着大用户偏向于从传统渠道购电。在这种条件下，发电企业的议价能力较弱，因此发电企业将降低直销电力价格 p_s 以增加自身期望收益。在此条件下，$p_s \geqslant w$ 为紧约束，最优解满足 $p_s^* = w^*$，即电力批发价等于电力直销价格。对发电企业而言，将电通过直销卖给大用户和将电批发给零售电企业的价格是相等的，也就是说，大用户和零售电企业是同质消费者。

定理 5.1 也表明了发电企业和零售电企业的市场力对电价的影响。若电力消费者偏好从直购电的渠道买电，发电企业的市场力更大，即拥有更高的议价能力，可以提高直购电价 p_s，增加发电企业收益。相反，若电力消费者偏好传统购电渠道，那么发电企业市场力较小，需要通过降低直购电价 p_s 增加发电企业收益。如果没有约束，在这种情况下增加直购电渠道，直购电渠道的市场价格会出现 $p_s < w$，即直购电价比电力批发价还低。

5.4 非对称信息下多边交易市场均衡

在本节，我们首先求解信息传输博弈：假定零售电企业已经拥有电力需求信息，求解零售电企业和发电企业的最优定价策略。基于求解结果，分析电力需求信息的价值。通过对比电力需求信息的价值和信息获取的成本，分析零售电企业进行需求信息获取的条件。

5.4.1　电力市场信息共享的激励相容约束分析

当零售电企业拥有电力需求信息时，即零售电企业可以准确地掌握电力需求规模 a，而博弈初期发电企业对电力需求信息不了解，零售电企业和发电企业间存在信息不对称。根据上述分析，零售电企业的需求函数变为

$$D_r = (1-\rho)a - a_1 p_r + \beta p_s \tag{5.27}$$

其中，a 为实际大用户电力需求规模，是零售电企业的私有信息。由于发电企业是零售电企业的上游企业（零售电企业从发电企业购电），因此发电企业可以准确了解传统渠道的定价策略 p_r，发电企业可以根据零售电企业的定价策略来更新对电力需求规模 a 的估计，即发电企业可以从传统渠道的定价 p_r 推断需求规模 a。由于发电企业与零售电企业之间存在水平竞争，零售电企业在进行需求信息传递时，有逆向选择的动机，即零售电企业为了最大化收益，当电力需求规模 a 较高时，故意选择一个较低的定价策略 p_r 以误导发电企业认为市场需求较低，而降低直销渠道的电价，双渠道的电价降低减少了渠道竞争，大用户需求量大幅度升高，进而增加零售电企业的收益。

由于发电企业和零售电企业都是完全理性的，零售电企业也知道发电企业会根据自己的定价策略来推断市场需求状况，因而如何策略性地分享信息也是零售电企业所需要考虑的问题。同样地，发电企业也会根据零售电企业的激励相容性来重新思考零售电企业传递信息的真实性。接下来讨论以下几个问题：电力需求信号是如何传递的？零售电企业的定价如何改变发电企业对需求规模的估计？当零售电企业存在逆向选择的动机时，发电企业如何推断"真实的"电力需求？

由于信息传输博弈发生于确定电力批发价之后（见图 5.3），无论零售电企业是否拥有信息，都不会改变最优批发价的确定，即信息不对称情况下的最优电力批发价满足 $w' = w^*$。

我们考虑没有逆向选择存在的情况，即真实传递需求信息的情况。给定真实的需求规模 a，若零售电企业有需求信息且真实地传递需求信息，那么零售电企业的实际收益 π'_r 为

$$\pi'_r = (p'_r - w)[(1-\rho)a - a_1 p'_r + \beta p'_s(p'_r, a)] \tag{5.28}$$

其中,发电企业的最优反应函数为

$$p'_s(p'_r, a) = \frac{\rho a + a_2 c + (w^* - c + p'_r)\beta}{2a_2} \tag{5.29}$$

因此,零售电企业的最优定价策略满足 $\frac{\partial \pi'_r}{\partial p'_r} = 0$,即

$$p^{*\prime}_r = \frac{2(1-\rho)a_2 a + (\rho a - \beta c + a_2 c)\beta + 2a_1 a_2 w^*}{4a_1 a_2 - 2\beta^2} \tag{5.30}$$

等式(5.30)也被认为是零售电企业对"真实"需求 a 的反应曲线,即

$$\rho_r : a \Rightarrow p^{*\prime}_r$$

我们定义 $\rho_r(a)$ 为

$$\rho_r(a) = \frac{2(1-\rho)a_2 a + (\rho a - \beta c + a_2 c)\beta + 2a_1 a_2 w^*}{4a_1 a_2 - 2\beta^2} \tag{5.31}$$

根据反应曲线 $\rho_r(a)$ 的表达式,我们可以看出需求规模 a 和零售电企业最优定价 $p^{*\prime}_r$ 是一一对应的正向关系。即在无逆向选择的情况下,在每一个需求规模 a 下,零售电企业都有唯一的最优定价 $p^{*\prime}_r$,且需求规模 a 越大,零售电企业的最优定价 $p^{*\prime}_r$ 越高,零售电价反映了电力需求的变化。由于发电企业在零售电企业的定价策略 $p^{*\prime}_r$ 确定之后进行决策,发电企业便可以通过零售电企业的定价策略 $p^{*\prime}_r$ 推断出需求规模 a,即发电企业的目标函数为

$$\max_{p'_s} \pi_s[p'_s \mid p^{*\prime}_r; a] = (p'_s - c)(\rho a - a_2 p'_s + \beta p^{*\prime}_r) +$$
$$(w^* - c)[(1-\rho)a - a_1 p^{*\prime}_r + \beta p'_s] \tag{5.32}$$

发电企业的最优定价策略 $p^{*\prime}_s$ 满足 $\frac{\partial \pi_s[p'_s \mid p^{*\prime}_r; a]}{\partial p'_s} = 0$,整理得出发电企业的最优定价策略 $p^{*\prime}_s$ 为

$$p^{*\prime}_s = \frac{\rho a + a_2 c + (w^* - c)\beta}{2a_2} + \frac{[2(1-\rho)a_2 a - \beta^2 c + a_2 \beta c + \rho\beta a + 2a_1 a_2 w^*]\beta}{2a_2(4a_1 a_2 - 2\beta^2)}$$

$$\tag{5.33}$$

式(5.30)和(5.33)表示零售电企业真实传递需求信息时,发电企业和零售电企业的最优定价。将式(5.30)和(5.33)代入式(5.28)中,我们得到此时的零售电企业的实际收益为

$$\pi_r^{*\prime} = \frac{[2(1-\rho)a_2 a - \beta^2 c + 2\beta^2 w + a_2 \beta c + \rho \beta a - 2a_1 a_2 w^*]^2}{4a_2(4a_1 a_2 - 2\beta^2)} \quad (5.34)$$

然而实际零售电企业在进行信息传递时,是存在传递"虚假"需求规模的动机的。

定义 5.1 **("虚假"信号)零售电企业总是希望传递一个低的需求信号,引导发电企业降低电力直销的价格从而获取更多收益,即拥有传递"虚假"需求信号的动机。**

从理论上而言,当零售电企业和发电企业渠道竞争比较激烈或两渠道的电力替代性很高时,零售电企业总是想以传统零售电价为信号,通过降低传统零售电价让发电企业信服电力需求比较低,从而使得发电企业降低直销电价,进而缓解渠道竞争力,增加电力需求。从数学证明而言,我们定义 $\widetilde{p}_r(\widetilde{a})$ 为传统渠道的价格,$\widetilde{a}$ 表示零售电企业希望传递的需求规模。引理 5.1 给出了 $\widetilde{p}_r$ 的特质。

引理 5.1 **如果发电企业是非策略性的(完全相信零售电企业的传递的信号),那么零售电企业有动机以传统零售价格为信号,制定传递低电力需求的零售价格 $\widetilde{p}_r(\widetilde{a}) \leqslant p_r^{*\prime}(a)$。换句话说,零售电企业有动机传递一个低于实际需求规模 a 的"虚假"电力需求 $\widetilde{a}$。**

证明(反证法): 假设 $\widetilde{p}_r > p_r^{*\prime}$ 时零售电企业的收益更大,$\widetilde{\pi}_r > \pi_r^{*\prime}$。此时,发电企业认为需求 $\widetilde{a} > a$。那么发电企业的定价策略满足

$$\widetilde{p}_s(\widetilde{p}_r, \widetilde{a}) = \frac{\rho \widetilde{a} + a_2 c + (w^* - c + \widetilde{p}_r)\beta}{2a_2} > p_s^{*\prime}(p_r^{*\prime}, a) \quad (5.35)$$

则零售电企业的实际收益 $\widetilde{\pi}_r$ 为

$$\widetilde{\pi}_r = (\widetilde{p}_r - w^*)[(1-\rho)a - a_1 \widetilde{p}_r + \beta \widetilde{p}_s] \quad (5.36)$$

将 $\widetilde{p}_s(\widetilde{p}_r, \widetilde{a})$ 代入式(5.36)中,我们可以得到零售电企业基于虚假需求规模 $\widetilde{a}$ 下收益为

$$\widetilde{\pi}_r = (\widetilde{p}_r - w^*) \left[(1-\rho)a - a_1 \widetilde{p}_r + \beta \frac{\rho \widetilde{a} + a_2 c + (w^* - c + \widetilde{p}_r)\beta}{2a_2} \right]$$

$$(5.37)$$

而传递真需求规模 a 下的收益为

$$\pi_r^{*\prime} = (p_r^{*\prime} - w^*) \left[(1-\rho)a - a_1 p_r^{*\prime} + \beta \frac{\rho a + a_2 c + (w^* - c + p_r^{*\prime})\beta}{2a_2} \right]$$

$$(5.38)$$

由于 $\widetilde{p}_r > p_r^{*\prime}$, $\widetilde{a} > a$, 对两个收益求差值得到

$$\widetilde{\pi}_r - \pi_r^{*\prime} < 0 \tag{5.39}$$

即, $\widetilde{\pi}_r < \pi_r^{*\prime}$, 与假设相反, 原命题成立。

引理 5.1 与理论分析一致。当零售电企业和发电企业存在水平竞争时, 零售电企业总是希望以传统零售电价为信号, 想让发电企业信服电力需求比较低。如果发电企业相信需求较低(非策略性的), 进而决定一个比实际最优直销价格低的电价, 那么整个大用户市场过低的市场价格会带来额外的电力需求量, 使得零售电企业从额外的需求电量中获取收益。那么, 接下来定理 5.2 就考虑了这个问题: 什么时候零售电企业的价格信号是可信的?

定理 5.2 当零售电企业拥有大用户需求信息, 且用户偏好满足 $0 \leqslant \rho < \dfrac{2a_2}{2a_2 + \beta}$ 时, 零售电企业与发电企业用户需求信息传递过程中不存在逆向选择行为, 零售电企业真实地传递需求信息, 大用户电力市场 PBNE 均衡如下。

(a) 零售电企业最优零售电价为

$$p_r^{*\prime}(a) = \begin{cases} \dfrac{2(1-\rho)a_2 a + (\rho a - \beta c + a_2 c)\beta + 2a_1 a_2 w^*}{4a_1 a_2 - 2\beta^2}, & \text{如果 } \Theta(\rho) \leqslant \rho < \dfrac{2a_2}{2a_2 + \beta} \\[4mm] \dfrac{(1-\rho)a + (\beta + a_1)w^*}{2a_1}, & \text{如果 } 0 \leqslant \rho < \Theta(\rho) \end{cases}$$

$$(5.40)$$

(b) 零售电企业以零售电价 $p_r^{*\prime}(a)$ 为信号, 真实地传递用户需求规

模 a。

(c) 发电企业的最优直购电价为

$$p_s^{*\prime} = \begin{cases} \dfrac{\rho a + a_2 c + (w^* - c)\beta}{2a_2} + \dfrac{[2(1-\rho)a_2 a - \beta^2 c + a_2 \beta c + \rho \beta a + 2a_1 a_2 w^*]\beta}{2a_2(4a_1 a_2 - 2\beta^2)}, \\ \qquad \text{如果 } \Theta(\rho) \leqslant \rho < \dfrac{2a_2}{2a_2 + \beta} \\[4mm] \dfrac{[2(1-\rho)a_2\beta - \rho\beta^2 + 4\rho a_1 a_2]}{2(4a_1 a_2^2 - 2a_2\beta^2 - 3a_1 a_2\beta + \beta^3)}\bar{a} + \dfrac{4a_1 a_2^2 - a_2\beta^2 + \beta^3}{2(4a_1 a_2^2 - 2a_2\beta^2 - 3a_1 a_2\beta + \beta^3)}c, \\ \qquad \text{如果 } 0 \leqslant \rho < \Theta(\rho) \end{cases}$$

$$(5.41)$$

证明： 具有逆向选择动机的零售电企业的最优决策问题化为如下决策问题。

$$\max_{\widetilde{p}_r} E(\pi_r) = (\widetilde{p}_r - w^*)[(1-\rho)a - a_1\widetilde{p}_r + \beta\widetilde{p}_s(\widetilde{p}_r)] \qquad (5.42)$$

s. t.

$$\frac{[2(1-\rho)a_2 a - \beta^2 c + 2\beta^2 w + a_2\beta c + \rho\beta a - 2a_1 a_2{}^*]^2}{4a_2(4a_1 a_2 - 2\beta^2)} \geqslant$$

$$(\widetilde{p}_r(\widetilde{a}) \sim w^*)[(1-\rho)a - a_1\widetilde{p}_r(\widetilde{a}) + \widetilde{p}_s(\widetilde{p}_r)], \ \forall \widetilde{a} \in [a_{\text{lower}}, \ a_{\text{upper}}]$$

$$(5.43)$$

$$\widetilde{p}_r(\widetilde{a}) = \frac{2\widetilde{a}a_2(1-\rho) + \beta(\rho\widetilde{a} - \beta c + a_2 c) + 2a_1 a_2 w^*}{4a_1 a_2 - 2\beta^2} \qquad (5.44)$$

$$\widetilde{p}_s(\widetilde{p}_r) = \frac{\rho\widetilde{a} + a_2 c + (w^* - c + \widetilde{p}_r)\beta}{2a_2} \qquad (5.45)$$

$$\min\{\widetilde{p}_r, \ \widetilde{p}_s\} \geqslant w^* \qquad (5.46)$$

目标函数式(5.42)是以零售电价 $\widetilde{p}_r$ 为决策变量，最大化零售电企业的收益。前面证明了传统售电渠道的价格 $p_r(a)$ 与需求规模 a 存在着一一映射的关系。换句话说，一个零售电价 p_r 反映着一个需求信号 $\rho_r(a)$。那么求解零售电企业最优信号传递问题也就是求解零售电企业的最优定价问题。为了简化计算，后续计算我们都以寻求零售电企业的最优定价策略为目标，而不是求解发电企业的最优信号传递。

等式(5.44)是零售电企业对需求规模 $\widetilde{a}$ 的最优反应函数,等式(5.45)为发电企业对零售电价 $\widetilde{p_r}$ 和从零售电价推测出的需求规模 $\widetilde{a}$ 的最优反应。不等式(5.46)是零售电企业的参与约束,即零售电价 $\widetilde{p_r}$ 要高于电力批发价 w^* ,以保证零售电企业的收益大于 0。直购电价 $\widetilde{p_s}$ 也要大于批发价 w^* 以保证零售电企业不存在套利的行为。不等式(5.43)是零售电企业的激励相容约束,即零售电企业传递真实需求信息的条件,代表了零售电企业传递真实需求信息的收益 $\pi_r^{*'}(p_r^{*'})$ 要不低于传递任意其他的虚假信息 $\forall \widetilde{a}$ 的收益。不等式(5.43)也可以转化为如下的不等式条件:

$$\pi_r^{*'}(p_r^{*'}) \geqslant \max_{\widetilde{a}} \{(\widetilde{p_r} - w^*)[(1-\rho)a - a_1\widetilde{p_r} + \beta\widetilde{p_s}(\widetilde{p_r})]\} \quad (5.47)$$

因此,零售电企业的最优化价格决策问题是一个双层优化问题。为了求解二层优化(5.46),我们先求零售电企业虚假报价收益最大值的问题,即目标函数为

$$\widetilde{\pi}_r^* = \max_{\widetilde{a}} \{(\widetilde{p_r}(\widetilde{a}) - w^*)[(1-\rho)a - a_1\widetilde{p_r}(\widetilde{a}) + \beta\widetilde{p_s}(\widetilde{p_r})]\} \quad (5.48)$$

约束条件为式(5.44)和式(5.45)。将式(5.44)和式(5.45)代入目标函数式(5.48)中,我们得到

$$\widetilde{\pi}_r(\widetilde{a}) = (\widetilde{p_r} - w^*)\left\{(1-\rho)a + \frac{\beta[\rho\widetilde{a} + a_2c + (w^*-c)\beta]}{2a_2} + \left(-a_1 + \frac{\beta^2}{2a_2}\right)\widetilde{p_r}\right\} \quad (5.49)$$

$$\widetilde{p_r} = \frac{2\widetilde{a}a_2(1-\rho) + \beta(\rho\widetilde{a} - \beta c + a_2c) + 2a_1a_2w^*}{4a_1a_2 - 2\beta^2} \quad (5.50)$$

其中, $\widetilde{\pi}_r(\widetilde{a})$ 是关于 $\widetilde{a}$ 的二次函数, $\widetilde{\pi}_r(\widetilde{a})$ 对 $\widetilde{a}$ 的一阶条件和二阶条件为

$$\frac{\partial\widetilde{\pi}}{\partial\widetilde{a}} = \frac{[\rho^2\beta^2 - 4(1-\rho)^2a_2^2]\widetilde{a} + 4(1-\rho)^2a_2^2a + \rho\beta^3(2w^*-c) + 2\rho(1-\rho)\beta a_2a + \beta\rho a_2(\beta c - 2a_1w^*)}{2a_2(4a_1a_2 - 2\beta^2)} \quad (5.51)$$

$$\frac{\partial^2\widetilde{\pi}}{\partial\widetilde{a}^2} = \rho^2\beta^2 - 4(1-\rho)^2a_2^2 \quad (5.52)$$

Case 1： 当 $\Theta(\rho) \leqslant \rho < \dfrac{2a_2}{2a_2 + \beta}$ 时，$\widetilde{\pi}(\widetilde{a})$ 是关于 $\widetilde{a}$ 的凸函数，即取 $\widetilde{a} = \widetilde{a}^*$ 时，函数 $\widetilde{\pi}(\widetilde{a})$ 达到最大值。

$$\widetilde{a}^* = \frac{4(1-\rho)^2 a_2^2 a + \rho\beta^3(2w^* - c) + 2\rho(1-\rho)\beta a_2 a + \rho\beta a_2(\beta c - 2a_1 w^*)}{[2(1-\rho)a_2]^2 - (\rho\beta)^2}$$

$$(5.53)$$

当零售电企业传递虚假需求规模信息 $\widetilde{a}^*$ 时，零售电企业收益达到最大收益。将 $\widetilde{a}^*$ 代入 $\widetilde{\pi}_r^*$ 中，我们得到此时零售电企业的最大收益表达式为

$$\widetilde{\pi}_r^*(\widetilde{a}^*) = \frac{(1-\rho)^2 a_2 [2(1-\rho)a_2 a + \rho\beta a - \beta^2 c + 2\beta^2 w^* + a_2\beta c - 2a_1 a_2 w^*]^2}{(4a_1 a_2 - 2\beta^2)\{[2(1-\rho)a_2]^2 - (\rho\beta)^2\}}$$

$$(5.54)$$

在同种情况下，如果零售电企业传递真实的需求规模 a，那么发电企业的实际收益表达式为：

$$\pi_r^{*\prime}(a) = \frac{[2(1-\rho)a_2 a + \rho\beta a - \beta^2 c + 2\beta^2 w^* + a_2\beta c - 2a_1 a_2 w^*]^2}{4a_2(4a_1 a_2 - 2\beta^2)}$$

$$(5.55)$$

将 $\widetilde{\pi}_r^*(\widetilde{a}^*)$ 与 $\pi_r^{*\prime}(a)$ 作差，可以得出收益差值式(5.56)恒小于等于 0。

$$\pi_r^{*\prime}(a) - \widetilde{\pi}_r^*(\widetilde{a}^*) = -\frac{\rho^2\beta^2 [2(1-\rho)a_2 a + \rho\beta a - \beta^2 c + 2\beta^2 w^* + a_2\beta c - 2a_1 a_2 w^*]^2}{4a_2(4a_1 a_2 - 2\beta^2)\{[2(1-\rho)a_2]^2 - (\rho\beta)^2\}}$$

$$\leqslant 0 \qquad\qquad (5.56)$$

等式(5.56)表明，如果大用户偏好满足 $\rho < \dfrac{2a_2}{2a_2 + \beta}$，任取需求规模 $a \in [a_{\text{lower}}, a_{\text{upper}}]$，不等式约束式(5.47)都是一个紧约束，即无论大用户需求规模 a 实际是多少，传递虚假需求规模 $\widetilde{a}^*$ 总是会给零售电企业带来更多的收益。但是，发电企业是理性的和策略性的，发电企业完全知道零售电企业的收益、清楚零售电企业传递的需求信号 $\widetilde{a}^*$ 一定是假的，即不管真实需求 a 是怎样的，信号传递都存在逆向选择的动机。因此在这种情况下，发电企业选择不相信零售电企业的价格信号 $\widetilde{a}^*$，不随着零售电企业的决策而决策，即 $\widetilde{p}_s(\widetilde{p}_r)$

不满足式(5.45),此时零售电企业用零售价格为信号传递用户需求是无效的。而零售电企业也是理性的和战略性的,零售电企业也知道发电企业的想法,所以零售电企业不会以价格作为信号发送虚假需求信息,而是真实地通过最优定价策略 $p_r^{*\prime}(a)$ 来满足市场需求以获取最大化收益 $\pi_r^{*\prime}(a)$,而非扭曲定价来与发电企业进行策略性博弈。

Case 2:当 $0 \leqslant \rho < \Theta(\rho)$ 时,根据定理5.1,相比直购电渠道,大用户更偏向于通过传统渠道购买电力,此时约束条件 $\widetilde{p_s} \geqslant w^*$ 是一个紧约束,即发电企业的最优定价策略满足 $p_s^* = w^*$。在这种情况下,直购电价是不随着零售电价的改变而改变的。即零售电价策略和发电企业的价格策略是相互独立的。零售电企业的最优决策问题(5.42)变为

$$\pi_r^{*\prime} = \max_{p_r} \{(p_r - w^*)[(1-\rho)a - a_1 p_r + \beta w^*]\} \tag{5.57}$$

目标函数(5.56)是关于价格 p_r 的凹函数,零售电企业的最优定价满足一阶导数为0的条件,即 $\dfrac{\mathrm{d}(\pi_r^{*\prime})}{\mathrm{d}p_r} = 0$,整理得出最优定价策略满足式(5.39)。

定理5.2给出了零售电企业一定传递真实需求信息的条件,$0 \leqslant \rho < \dfrac{2a_2}{2a_2 + \beta}$,即相比直购电渠道,大用户更偏好从传统渠道购买电力。在这种情况下,需求信息传递没有被扭曲,零售电企业没有传递"虚假"需求信息的动机。此时,零售电企业根据真实的大用户需求规模 a 确定最优定价策略 $p_r^{*\prime}(a)$,发电企业根据零售电企业确定的价格 $p_r^{*\prime}(a)$ 以及传递的需求信号 $\rho_r(a)$ 确定最优直销电价 $p_s^{*\prime}$。零售电企业定价策略 $p_r^{*\prime}(a)$ 是需求规模 a 的正相关函数,也是一一映射的函数,因此发电企业可以准确地根据零售电企业的价格策略 $p_r^{*\prime}(a)$,推断出真实的大用户需求规模 a。

此外,定理5.2说明了大用户偏好 ρ 对需求信息传递的作用和意义。在大用户电力市场中,零售电企业定价策略的变化或最优决策的制定取决于两方面效应的共同作用——正效应和负效应。一方面,零售电企业根据真实的用户需求来确定最优的价格策略,运用信息优势对市场变化进行快速反应,根据需求变化及时调整零售电价,即信息优势对零售电企业产生正效用。另一方面,零售电企业的对市场需求的快速反应会造成信息泄露,发电企业使用零售电企业的需求信息对市场进行快速反应,调节直购电市场价格,由于发电企

业和零售电企业存在水平竞争,发电企业的快速反应导致渠道竞争加剧,对零售电企业产生负效用。具体而言,当大用户需求规模上升时,零售电企业根据对市场的观察提高零售电价以获取更高的收益,发电企业跟着零售电企业的高价决策也选择提高直购电市场电价。双渠道的高价策略导致大用户需求量的下降,进而又降低零售电企业的收益。反之,当大用户需求下降的时候,零售电企业的最优零售电价随需求规模的下降而降低。同样地,发电企业随着零售电企业的低价策略也选择降低直购电渠道的电价。进而发电企业的低价策略挤占了部分零售电渠道的需求量,进而降低了零售电企业的收益。

当零售电企业拥有更大的大用户群体时 $\left(\rho < \dfrac{2a_2}{2a_2+\beta}\right)$,对零售电企业而言,以价格为信号的信息共享所带来的正效用大于负效用。此时,同样包含两种情况:① 当零售电企业拥有非常大的用户群体 $[0 < \rho < \Theta(\rho)]$ 时,零售电企业定价真实地反映需求信息可以获得更高的收益。如果零售电企业用其他价格策略来误导发电企业,其收益一定不大于真实传递需求信息所带来的收益。② 当零售电企业的用户需求群体比较大 $\left[\Theta(\rho) < \rho < \dfrac{2a_2}{2a_2+\beta}\right]$ 时,无论真实的需求信息 a 是多少,传递"虚假"需求信息 $\tilde{a}$ 总是会给零售电企业带来更高的收益。然而,发电企业是策略性的,完全知道零售电企业的行为,也知道零售电企业一直都以零售电价为信号,对需求进行虚假传递。在此时,发电企业不信任零售电企业的任何价格信号。如果零售电企业不传递可以反映真实市场需求规模的零售电价,零售电企业将获得双重损失,一方面源于低价策略带来的直接收益损失,另一方面源于无效的、以价格为代价的与发电企业的信号传递。

此外,从定理 5.2 可以看出当 ρ 满足 $0 \leqslant \rho < \dfrac{2a_2}{2a_2+\beta}$ 时,零售电企业是否有逆向选择的动机与大用户需求 a 无关。当 $0 < \rho < \Theta(\rho)$ 时,无论零售电企业观测到的用户需求 a 多大或者多小,零售电企业传递真实需求信息一定会带来更高的收益。而当 $\Theta(\rho) < \rho < \dfrac{2a_2}{2a_2+\beta}$ 时,发电企业观测到 a 值后,无论 a 大小与否都有逆向选择的动机,此时零售电企业以零售电价为信号传递的

需求信息,无论真实市场需求如何,电价反映的一定是"虚假"需求信息,理性的发电企业不会相信,所以该电价传递的是无效信号。综上,当 $0 \leqslant \rho < \dfrac{2a_2}{2a_2+\beta}$ 时,发电企业可以直接推断出零售电企业的行为动机和真实市场需求。当 ρ 属于区间 $\left[\dfrac{2a_2}{2a_2+\beta}, 1\right]$ 内,事情就不一样了。此时零售电企业的决策,准确地说是否有逆向选择的动机,与市场需求大小相关,发电企业仅能通过零售电企业的零售电价,判断零售电企业是否存在逆向选择动机,或传递的市场需求是否是真实的。接下来的定理 5.3,我们将证明当 $\dfrac{2a_2}{2a_2+\beta} \leqslant \rho < 1$ 时,大用户市场的最优均衡,以及零售电企业逆向选择行为对发电企业和零售电企业最优决策的影响。

5.4.2　定价扭曲区域

相对于传统购电渠道,当大用户更偏好直购电渠道 $\left(\rho > \dfrac{2a_2}{2a_2+\beta}\right)$ 时,零售电企业会出现逆向选择行为。发电企业的合理信任结构满足:当零售电企业的零售电价 p_r 足够大时,发电企业相信用户需求 a 是高的,且零售电企业的价格策略是可信的。当 p_r 比较小的时候,零售电企业以零售电价为信号,传递的用户需求可能不可信,定价会因为逆向选择行为而扭曲。此时,大用户市场的价格均衡和发电企业的信任结构如定理 5.3 所示。

定理 5.3　当大用户偏好满足 $\dfrac{2a_2}{2a_2+\beta} \leqslant \rho < 1$ 时,由于零售电企业有动机传递"虚假"信息给发电企业,电力市场的最优决策和发电企业的信任结构如下。

(a1) 当零售电企业观察到大用户需求规模 a 大于阈值 $\bar{\phi}(a)\,[a > \bar{\phi}(a)]$ 时,零售电企业的最优定价 $p_{r1}^{*\prime}$ 满足

$$p_{r1}^{*\prime}(a) = \frac{2(1-\rho)a_2 a + (\rho a - \beta c + a_2 c)\beta + 2a_1 a_2 w^*}{4a_1 a_2 - 2\beta^2} \tag{5.58}$$

(b1) 此时发电企业观测到零售电企业的价格策略 $p_{r1}^{*\prime}(a)$ 满足不等式

(5.59)，发电企业信任零售电企业以价格为信号传递的需求信息。发电企业的最优价格策略 $p_s^{*\prime}$ 满足式(5.60)。

$$p_{r1}^{*\prime}(a) \geqslant \frac{2(1-\rho)a_2\bar{\phi}(a) + (\rho a - \beta c + a_2 c)\beta + 2a_1 a_2 w^*}{4a_1 a_2 - 2\beta^2} \quad (5.59)$$

$$p_s^{*\prime} = \frac{\rho a + a_2 c + (w^* - c)\beta}{2a_2} + \frac{[2(1-\rho)a_2 a - \beta^2 c + a_2\beta c + \rho\beta a + 2a_1 a_2 w^*]\beta}{2a_2(4a_1 a_2 - 2\beta^2)}$$

$$(5.60)$$

（a2）当零售电企业观察到大用户需求规模 a 不大于阈值 $\bar{\phi}(a)[a \leqslant \bar{\phi}(a)]$ 时，电网企业的最优定价 $p_{r2}^{*\prime}(a)$ 满足

$$p_{r2}^{*\prime} = p_{r1}^{*\prime} + \frac{\left\{\begin{array}{l}[4(1-\rho)^2 a_2^2 + 4\rho(1-\rho)\beta a_2 + \rho^2\beta^2]a^2 \\ -2[2(1-\rho)a_2 + \rho\beta][\beta^2(2w-c) + a_2(\beta c - 2a_1 w)]a + M\end{array}\right\}^{1/2}}{4a_1 a_2 - 2\beta^2}$$

$$(5.61)$$

（b2）发电企业观测到零售电企业的最优定价策略 $p_{r2}^{*\prime}$ 时，发电企业信任零售电企业以价格为信号传递的需求信息。发电企业的最优定价策略 $p_s^{*\prime}$ 满足

$$p_s^{*\prime} = \frac{\rho a + a_2 c + (w^* - c + p_{r2}^{*\prime})\beta}{2a_2} \quad (5.62)$$

其中，阈值 $\bar{\phi}(a)$ 的表达式为

$$\bar{\phi}(a) = \frac{2[\rho\beta + 2(1-\rho)a_2][2(1-\rho)a_1 a_2^2 - \rho\beta(a_1 a_2 - \beta^2)]}{(2a_1 a_2 - \beta^2)[\rho\beta + 2(1-\rho)a_2]^2}a_{\text{lower}} -$$

$$\frac{\beta[2(1-\rho)\beta a_2 + 3\rho\beta^2 - 4\rho a_1 a_2](\beta^2 c - 2\beta^2 w - \beta a_2 c + 2a_1 a_2 w)}{(2a_1 a_2 - \beta^2)[\rho\beta + 2(1-\rho)a_2]^2}$$

$$(5.63)$$

Case 3：定理 5.2 给出了当用户偏好满足 $0 \leqslant \rho < \dfrac{2a_2}{2a_2 + \beta}$ 时，无论需求 a 的值为多少，激励相容约束一直为紧约束（Case 1）和一直是松约束（Case 2）的

最优决策。定理 5.3 讨论了当大用户偏好为 $\dfrac{2a_2}{2a_2+\beta}<\rho<1$ 时（Case 3），零

售电企业的最优决策。当大用户偏好满足 $\dfrac{2a_2}{2a_2+\beta}<\rho<1$ 时，根据引理 5.1

证明结果，如果零售电企业存在逆向选择行为，零售电企业希望传递的"虚假"

需求信息 $\tilde{a}$ 一定小于真实需求信息 a，即 $a_{lower}\leqslant\tilde{a}\leqslant a$。此外，根据式（5.51）

和（5.52），我们知道 $\tilde{\pi}(\tilde{a})$ 是关于 $\tilde{a}$ 的凹函数，其中 $\tilde{a}$ 可以大于 0，也可以小于

0。零售电企业是否传递"虚假"信息取决于实际大用户需求 a，$\tilde{\pi}(\tilde{a})$ 的最大值

点在区间的边界点上。

（1）当 $\tilde{a}^*-a_{lower}\leqslant a-\tilde{a}^*$ 时，$\tilde{\pi}(\tilde{a})$ 是凹函数，$\tilde{\pi}(\tilde{a})$ 的最大值点在 $\tilde{a}=$

a 处。将（5.49）代入条件 $2\tilde{a}^*<a+a_{lower}$ 中，我们可以得到

$$a\geqslant\frac{[4(1-\rho)^2a_2^2-(\rho\beta)^2]a_{lower}-2\rho\beta^3(2w^*-c)-2\rho\beta a_2(\beta c-2a_1w^*)}{[2(1-\rho)a_2+\rho\beta]^2}$$

$$(5.64)$$

即如果零售电企业观察到的用户需求 a 满足不等式（5.64），那么传递真

实的需求信息 a，比传递任意"虚假"信息 $\tilde{a}$ 的收益要大。

（2）当 $\tilde{a}^*-a_{lower}>a-\tilde{a}^*$ 时，零售电企业的收益函数 $\tilde{\pi}(\tilde{a})$ 在边界点 $\tilde{a}=$

a_{lower} 处取得极值。在这种情况下，当真实需求规模为 a 时，如果发电企业是非

策略性的，零售电企业希望以价格为信号，传递"虚假"需求规模 a_{lower} 给发电

企业。因此，这里的问题是，当发电企业是策略性的，决策过程中零售电企业

存在逆向选择的动机时，零售电企业如何传递"可信任的"需求信息？为此，我

们考虑了零售电企业不会撒谎的激励相容约束。零售电企业的定价问题可以

化为

$$\pi_r^{a_{lower}}=\max_{p_r}(p_r-w^*)\left[(1-\rho)a_{lower}-a_1p_r+\beta\frac{\rho a_{lower}+a_2c+(w^*-c+p_r)\beta}{2a_2}\right]$$

$$(5.65)$$

$$\pi_r^a=\max_{p_r}(p_r-w^*)\left[(1-\rho)a-a_1p_r+\beta\frac{\rho a+a_2c+(w^*-c+p_r)\beta}{2a_2}\right]$$

$$(5.66)$$

s. t.

$$\frac{[2(1-\rho)a_2 a_{\text{lower}} - \beta^2 c + 2\beta^2 w + a_2\beta c + \rho\beta a_{\text{lower}} - 2a_1 a_2 w^*]^2}{4a_2(4a_1 a_2 - 2\beta^2)}$$

$$\geqslant (p_r - w^*)\left[(1-\rho)a_{\text{lower}} - a_1 p_r + \beta\frac{\rho a + a_2 c + (w^* - c + p_r)\beta}{2a_2}\right]$$

$$(5.67)$$

$$\frac{[2(1-\rho)a_2 a - \beta^2 c + 2\beta^2 w + a_2\beta c + \rho\beta a - 2a_1 a_2 w^*]^2}{4a_2(4a_1 a_2 - 2\beta^2)}$$

$$\geqslant (p_r - w^*)\left[(1-\rho)a - a_1 p_r + \beta\frac{\rho a_{\text{lower}} + a_2 c + (w^* - c + p_r)\beta}{2a_2}\right]$$

$$(5.68)$$

目标函数(5.65)和(5.66)分别为当用户需求为 a_{lower} 和 a 时零售电企业的实际收入。约束(5.67)和(5.68)分别是零售电企业的激励相容约束,限制零售电企业传递虚假需求的条件。根据激励理论以及引理 5.1 中的证明结果,只有当需求为高的时,零售电企业才有动机通过模仿低需求进行定价,获取额外收入,即约束(5.67)是松约束。求解非线性规划问题式(5.65)~式(5.68),首先求出规划的引入拉格朗日条件(Lagrangian condition)为

$$L(p_r, \lambda) = \max\left\{\begin{array}{l}(p_r - w^*)\left[(1-\rho)a_{\text{lower}} - a_1 p_r + \beta\dfrac{\rho a_{\text{lower}} + a_2 c + (w^* - c + p_r)\beta}{2a_2}\right] \\[3mm] -\lambda(p_r - w^*)\left[(1-\rho)a - a_1 p_r + \beta\dfrac{\rho a + a_2 c + (w^* - c + p_r)\beta}{2a_2}\right] \\[3mm] -\lambda\dfrac{[2(1-\rho)a_2 a - \beta^2 c + 2\beta^2 w + a_2\beta c + \rho\beta a - 2a_1 a_2 w^*]^2}{4a_2(4a_1 a_2 - 2\beta^2)}\end{array}\right\}$$

$$(5.69)$$

拉格朗日条件(5.68)的一阶 KKT 条件为

$$\frac{\partial L(p_r, \lambda)}{\partial(p_r)} = (p_r - w^*)\left(-a_1 + \frac{\beta^2}{2a_2}\right) +$$

$$\left[(1-\rho)a_{\text{lower}} - a_1 p_r + \beta\frac{\rho a_{\text{lower}} + a_2 c + (w^* - c + p_r)\beta}{2a_2}\right] +$$

$$\lambda\Big[(p_r-w^*)\Big(-a_1+\frac{\beta^2}{2a_2}\Big)+$$

$$\Big[(1-\rho)a-a_1p_r+\beta\frac{\rho a_{lower}+a_2c+(w^*-c+p_r)\beta}{2a_2}\Big]\Big]$$

$$\leqslant 0 \tag{5.70}$$

$$\frac{\partial L(p_r,\lambda)}{\partial p_r}=0 \tag{5.71}$$

$$\frac{\partial L(p_r,\lambda)}{\partial(\lambda)}=(p_r-w^*)\Big[(1-\rho)a-a_1p_r+\beta\frac{\rho a+a_2c+(w^*-c+p_r)\beta}{2a_2}\Big]-$$

$$\frac{[2(1-\rho)a_2a-\beta^2c+2\beta^2w+a_2\beta c+\rho\beta a-2a_1a_2w^*]^2}{4a_2(4a_1a_2-2\beta^2)}\geqslant 0$$

$$\tag{5.72}$$

$$\lambda\frac{\partial L(p_r,\lambda)}{\partial\lambda}=0 \tag{5.73}$$

(a3) 当 $\lambda=0$ 时,即激励相容约束(5.68)为松约束。将 $\lambda=0$ 代入方程组式(5.70)～式(5.73),可得此时的零售电企业的最优零售电价 $p_{r1}^{*\prime}$ 为

$$p_{r1}^{*\prime}=\frac{2(1-\rho)a_2a+\beta(\rho a-\beta c+a_2c)+2a_1a_2w^*}{4a_1a_2-2\beta^2} \tag{5.74}$$

将(5.74)代入不等式(5.72)中,可以最优价格满足等式(5.74)时的适用条件

$$a>\frac{2[\rho\beta+2(1-\rho)a_2][2(1-\rho)a_1a_2^2-\rho\beta(a_1a_2-\beta^2)]}{(2a_1a_2-\beta^2)[\rho\beta+2(1-\rho)a_2]^2}a_{lower}-$$

$$\frac{\beta[2(1-\rho)\beta a_2+3\rho\beta^2-4\rho a_1a_2](\beta^2c-2\beta^2w-\beta a_2c+2a_1a_2w)}{(2a_1a_2-\beta^2)[\rho\beta+2(1-\rho)a_2]^2}$$

$$\tag{5.75}$$

即该阈值为 $\bar{\phi}(a)$。

(b3) 当 $\lambda>0$ 时,激励相容约束(5.68)为紧约束,同样求解方程组式(5.70)～式(5.73),可以得到

$$(p_r - w^*)\left[(1-\rho)a - a_1 p_r + \beta \frac{\rho a + a_2 c + (w^* - c + p_r)\beta}{2a_2}\right] -$$

$$\frac{[2(1-\rho)a_2 a - \beta^2 c + 2\beta^2 w + a_2\beta c + \rho\beta a - 2a_1 a_2 w^*]^2}{4a_2(4a_1 a_2 - 2\beta^2)} = 0$$

(5.76)

方程式(5.76)是关于 p_r 的一元二次方程,方程有两个根,分别是

$$p^{*\prime}_{r,\,\mathrm{low,high}} = \frac{2(1-\rho)a_2 a + \beta(\rho a - \beta c + a_2 c) + 2a_1 a_2 w^* \pm \Delta(a)}{4a_1 a_2 - 2\beta^2}$$

(5.77)

我们将比较小的根记作 $p^{*\prime}_{r,\,\mathrm{low}}$,将比较大的根记作 $p^{*\prime}_{r,\,\mathrm{high}}$,两个根满足

$$p^{*\prime}_{r,\,\mathrm{low}} < \frac{2(1-\rho)a_2 a + \beta(\rho a - \beta c + a_2 c) + 2a_1 a_2 w^*}{4a_1 a_2 - 2\beta^2} = p^{*\prime}_{r1} < p^{*\prime}_{r,\,\mathrm{high}}$$

(5.78)

根据引理 5.1 和之前的分析,零售电企业总是有动机传递低的大用户需求给发电企业,即以零售电价为信号,传递的需求 $\tilde{a}$ 小于真实需求 a。 因此,如果让发电企业相信需求是高的,其零售电企业的价格应大于真实反映需求的价格 $p^{*\prime}_{r1}$,以保证传递"虚假"需求的成本更高。因此,低价 $p^{*\prime}_{r,\,\mathrm{low}}$ 不符合实际,舍弃根 $p^{*\prime}_{r,\,\mathrm{low}}$。 此外,为了与第一种情形的最优解记法 $p^{*\prime}_{r1}$ 统一,我们将零售电企业在第二种情况的最优定价记为 $p^{*\prime}_{r2}$。

$$p^{*\prime}_{r2} = \frac{2(1-\rho)a_2 a + \beta(\rho a - \beta c + a_2 c) + 2a_1 a_2 w^* + \Delta(a)}{4a_1 a_2 - 2\beta^2}$$ (5.79)

其中,$\Delta(a)$ 满足

$$\Delta(a) = \{[4(1-\rho)^2 a_2^2 + 4\rho(1-\rho)\beta a_2 + \rho^2\beta^2]a^2 - $$

$$2[2(1-\rho)a_2 + \rho\beta][\beta^2(2w - c) + a_2(\beta c - 2a_1 w)]a + M\}^{1/2}$$

(5.80)

M 是一个常数,仅与电力供应链结构、消费者偏好等外生变量有关,与决策变量、电力需求 a 等内生变量无关。从最优价格 $p^{*\prime}_{r2}$ 的数学表达式可以

看出,最优零售电价 $p_{r2}^{*\prime}$ 在区间 $a \leqslant \bar{\phi}(a)$ 内是关于需求规模 a 的单调递增函数。在这种情况下,不等式约束式(5.67)是一个紧约束。此外,不等式(5.74)与不等式(5.63)相比,$a \leqslant \bar{\phi}(a)$ 是一个更强的约束,进而得出定理 5.3 中的结论。

定理 5.3 给出了当大用户偏好满足 $\dfrac{2a_2}{2a_2+\beta} \leqslant \rho < 1$ 时,即大用户相比于传统渠道,更偏向于从直购电渠道购买电力时,电力市场的最优定价策略。在这种情况下,零售电企业观测到的真实市场需求 a,直接影响零售电企业的信息传递、逆向选择动机以及最优定价决策。正如 5.2.1 小节中分析的,传递需求信息会给零售电企业收益带来两方面的效用:一方面是零售电企业快速反应大用户需求变化带来的正效用;另一方面是由于博弈时序导致的信息泄露,使得渠道竞争加剧产生的负效用。零售电企业是否有逆向选择的动机,或者说是否要扭曲定价来传递虚假需求,与市场需求的大小有关。

当市场需求足够大时 $[a > \bar{\phi}(a)]$,零售电企业快速反应市场以满足市场需求给零售电企业带来的收益,要比零售电企业策略性定价,以传递"虚假"需求信息减少渠道竞争带给零售电企业的收益要大。因此,零售电企业没有逆向选择行为的动机,即零售电企业以零售电价为信号,传递的需求信息是真实的。另一方面,当发电企业观察到零售电企业的零售电价大于临界值,即满足不等式(5.59)时,此时零售电企业的定价 $p_{r1}^{*\prime}(a)$ 反映着真实需求的变化,发电企业可以直接使用零售电企业传递的需求信息 a 而不需要信息租金。零售电企业虽然没有了定价时的信息优势,但是因为发电企业需要依赖零售电企业的信息而拥有了优先定价的权利(先动优势)。此时,电力需求信息共享时,信息流和定价(物料流)都没有扭曲。

当需求规模 a 比较小 $[a \leqslant \bar{\phi}(a)]$ 时,此时用户需求比较小,零售电企业快速反应以满足市场需求给零售电企业带来的收益,要比零售电企业策略性定价,以传递"虚假"需求信息减少渠道竞争带给零售电企业的收益要小。因此零售电企业有动机以零售电价为信号,传递"虚假"需求规模 a_{lower} 给发电企业。由于信息不对称,当发电企业观测到零售电价小于临界值时,对于发电企业而言,有两种可能的因素导致零售电企业的低定价。一方面,零售电企业的低定价反映的是真实用户需求的低迷,根据微观经济学规律,低需求对应着低最优定价。另一方面,零售电企业的低定价是一种误导发电企业的策略性决策,实际用户需求是高的。以低的零售电价为信号,引导发电企业相信需求比较低,从而诱导发电企业定比最优直购价低的直购电价。两个购电渠道的低价会使得渠道竞争变缓,电力需求量变多,零售电企业从中获益,发电企业收益受损。由于发电企业是策略性的,知道零售电企业的动机。在 $a \leqslant \bar{\phi}(a)$ 的情况下,如果零售电企业想要传递"可信"的需求信号 a 给发电企业,零售电企业的最优零售电价必须满足激励相容约束,即最优零售电价 $p_{r2}^{*'}(a)$ 需要大于 $p_{r1}^{*'}(a)$ 才能使得发电企业相信此时的需求规模为 a。其中,激励相容约束确保了零售电企业传递"虚假"需求信息的收益一定低于传递真实需求信息的收益。当零售电企业观测到需求 $a \leqslant \bar{\phi}(a)$ 时,本书定义零售电价偏离最优电价的程度为"零售电企业定价的扭曲",记作 $\Delta(a) = p_{r2}^{*'}(a) - p_{r1}^{*'}(a)$,其数学表达式为式(5.80)。从数学表述中可以看出,扭曲 $\Delta(a)$ 是关于 a 的单调减的凹函数,需求规模 a 越大,扭曲程度 $\Delta(a)$ 越小,当 $a = \bar{\phi}(a)$ 时,逆向选择动机消失且 $\Delta(a) = 0$。具体而言,当零售电企业观察到的实际用户需求 a 越小且满足 $a < \bar{\phi}(a)$,欺骗发电企业所获得的收益就越高,想让发电企业相信零售电企业的价格信号,就需要定更高的零售电价以增加欺骗发电企业的成本,也就是定价扭曲的程度越高。换句话说,发电企业观测到的零售电企业的定价越低,传递的需求信号越不可信。想让发电企业相信传递的需求信号,零售电企业就需要提高定价,即定价扭曲程度越高。这种由于信息不对称而导致的定价扭曲,我们在 5.3 章中系统地分析其性质和变化规律,本章仅计算出了其解析形式。

推论 5.1　在电力市场存在信息不对称的情况下,发电企业总是相信零售电企业以价格为信号传递的需求信息,但是零售电企业的逆向选择动机导致零售电企业的定价向上扭曲。

在 2009 年,Anand 和 Goyal 首次在供应链中发现了这种由于信息流的扭曲导致物料流扭曲的现象。Anand 和 Goyal(2009)研究了一个供应商和两个零售商的传统供应链,当需求规模服从两点分布(高—低)时,由于零售商之间存在数量竞争,当需求为高时,拥有需求信息的零售商会通过选择低的订货量来误导没有需求信息的零售商,导致供应链效率降低,该文章定义这种现象为"物料流被需求信息所扭曲"。近年来,关于信息流和物料流的相互作用研究越来越受到学术界的关注。近期,Li 等(2014)的研究同样表明,基于高—低需求和同质产品,供应商侵占零售商的市场可能会导致通过零售渠道的销售数量出现低效扭曲,具体研究现状见文献综述。

本书从两个方面对现有研究进行了拓展。一方面,我们的研究将需求规模的两点分布拓展为一般的分布,证明了当需求规模服从一般的分布时,这种信息流导致的物料流扭曲依旧存在,定价扭曲取决于双渠道供应链的市场结构,尤其是消费者偏好以及渠道产品的差异性(渠道竞争程度)。从定理5.2可知,当消费者偏好直销渠道 $\left(\rho > \dfrac{2a_2}{2a_2 + \beta}\right)$ 且需求规模比较小 $[a \leqslant \bar{\phi}(a)]$ 时,才会出现定价扭曲。如果产品为同质 $\left(\rho = \dfrac{1}{2} < \dfrac{2a_2}{2a_2 + \beta}\right)$,需求规模服从连续分布,不会出现物料扭曲的现象。所以大多数学者基于高—低两点分布的需求规模,研究同质商品间的物料竞争和信息传递(Li 等,2014;Anand 和 Goyal,2009)。另一方面,我们对双渠道供应链的博弈研究进行了拓展。电力产品与一般的商品不同,具有行业垄断性高、需要配套服务、传输约束等特点,针对大用户用电需求大、对供电品质的偏好不同,不同渠道购买的电力互为可替代的异质产品。而现有双渠道供应链均对同质产品的竞争进行研究和探索(Li 等,2014),文章的研究更集中在双渠道供应链的特性上,考虑了异质/可替代的商品的竞争,更适合描述双渠道产品的特点。

5.4.3 需求信息价值分析

在之前的研究中,我们假设零售电企业已经拥有了需求信息后,发电企业和零售电企业的最优决策以及大用户的均衡电价(信息传输博弈)。本章研究零售电企业是否希望获取需求信息进行研究(信息获取博弈),即拥有需求信息是否会给零售电企业带来更多的收益。我们定义零售电企业信息获取的成本为 C,当信息获取是零售电企业的决策变量而不是外生变量时,零售电企业和发电企业的最优决策如下。

定理5.4 当信息获取是零售电企业的决策变量(内生变量)时:

(a) 如果 $C > U(a)$,需求信息获取成本高于需求信息的期望收益,因此拒绝信息获取是零售电企业的最优决策。零售电企业和发电企业的最优定价策略如定理5.1所示;

(b) 如果 $C \leqslant U(a)$,需求信息的期望收益高于需求信息获取成本,接受信息获取是零售电企业的最优决策。零售电企业和发电企业的最优定价策略

如定理 5.2 和定理 5.3 所示。

其中，

$$
U(a) = \begin{cases}
\dfrac{(1-\rho)^2}{4a_1}\sigma^2, & \text{如果 } 0 \leqslant \rho < \phi(\rho) \\[4mm]
\dfrac{[2(1-\rho)a_2+\rho\beta]^2}{4a_2(4a_1a_2-2\beta^2)}\sigma^2, & \text{如果 } \phi(\rho) \leqslant \rho < \dfrac{2a_2}{2a_2+\beta} \\[4mm]
\dfrac{[2(1-\rho)a_2+\rho\beta]^2}{4a_2(4a_1a_2-2\beta^2)^2}\sigma^2 - \displaystyle\int_{a_{\text{lower}}}^{\overline{\phi(a)}} P(a)\Delta(a)f(a)\mathrm{d}a, & \text{如果 } \dfrac{2a_2}{2a_2+\beta} \leqslant \rho < 1
\end{cases}
$$

$$\tag{5.81}$$

$$
P(a) = \frac{-(\rho+\beta)[2p_{r1}^{*\prime}+\Delta(a)]+(2a_2-\rho)a+(\rho w^*-a_2c+\beta c)}{4a_2}
$$

$$\tag{5.82}$$

证明： 为了求解零售电企业的最优决策，我们先要考虑需求信息对零售电企业的价值 $U(a)$。根据前两节的分析，按零售电企业的激励相容约束是否起作用，同样可以分为三种情况。

Case 1： 当 $\phi(\rho) \leqslant \rho < \dfrac{2a_2}{2a_2+\beta}$ 时，发电企业和零售电企业之间的序贯博弈过程不存在定价扭曲现象，即零售电企业没有逆向选择动机，根据定理 5.1 和 5.2，零售电企业拥有需求信息的期望收益为 $U(a) = E(p_r^{*\prime}) - E(p_r^*)$，将 $p_r^{*\prime}$ 和 p_r^* 代入 $U(a)$ 中，可得

$$
\begin{aligned}
U(a) &= \int_{a_{\text{lower}}}^{a_{\text{upper}}} \frac{\{[2(1-\rho)a_2+\rho\beta]a-\beta^2c+2\beta^2w^*+a_2\beta c-2a_1a_2w^*\}^2}{4a_2(4a_1a_2-2\beta^2)}f(a)\mathrm{d}a - \\
&\quad \frac{\{[2(1-\rho)a_2+\rho\beta]\bar{a}-\beta^2c+2\beta^2w^*+a_2\beta c-2a_1a_2w^*\}^2}{4a_2(4a_1a_2-2\beta^2)} \\
&= \frac{[2(1-\rho)a_2+\rho\beta]^2}{4a_2(4a_1a_2-2\beta^2)}\sigma^2
\end{aligned}
$$

$$\tag{5.83}$$

Case 2： 当 $0 \leqslant \rho < \phi(\rho)$ 时，同样，根据之前的分析可以得出需求信息的价值 $U(a)$ 为

$$U(a) = \int_{a_{\text{lower}}}^{a_{\text{upper}}} \frac{(1-\rho)a + (\beta - a_1)w^*}{2a_1} \times \frac{(1-\rho)a - (3\beta + a_1)w^*}{2} f(a)\mathrm{d}a -$$

$$\frac{(1-\rho)\bar{a} + (\beta - a_1)w^*}{2a_1} \frac{(1-\rho)\bar{a} - (3\beta + a_1)w^*}{2}$$

$$= \frac{(1-\rho)^2}{4a_1}\sigma^2 \tag{5.84}$$

Case 3：当 $\dfrac{2a_2}{2a_2+\beta} \leqslant \rho < 1$ 时，零售电企业拥有需求信息可能会带来定价扭曲。根据定理 5.3，当需求规模 $a < \bar{\phi}(a)$ 时，零售电企业的最优零售电价为 $p_{r2}^{*'}$，当 $a \geqslant \bar{\phi}(a)$ 时，零售电企业的最优零售电价为 $p_{r1}^{*'} = p_r^{*'}$，因此，需求信息的价值 $U(a) = E(p_{r1}^{*'}, p_{r2}^{*'}) - E(p_r^*)$，将 $p_{r1}^{*'}, p_{r2}^{*'}$ 代入，可得

$$U(a) = \int_{\bar{\phi}(a)}^{a_{\text{upper}}} \frac{(p_{r1}^{*'} - w^*)[(2a_2 - \rho)a - (\rho + \beta)p_{r1}^{*'} - a_2 c - \beta(w^* - c)]}{4a_2} f(a)\mathrm{d}a +$$

$$\int_{a_{\text{lower}}}^{\bar{\phi}(a)} \frac{(p_{r2}^{*'} - w^*)[(2a_2 - \rho)a - (\rho + \beta)p_{r2}^{*'} - a_2 c - \beta(w^* - c)]}{4a_2} f(a)\mathrm{d}a -$$

$$\frac{\{[2(1-\rho)a_2 + \rho\beta]\bar{a} - \beta^2 c + 2\beta^2 w^* + a_2\beta c - 2a_1 a_2 w^*\}^2}{4a_2(4a_1 a_2 - 2\beta^2)} \tag{5.85}$$

将 $p_{r2}^{*'} = p_{r1}^{*'} + \Delta(a)$ 代入式(5.85)，整理合并式(5.85)，可得式(5.81)和式(5.82)。

推论 5.2 当 $\dfrac{2a_2}{2a_2+\beta} \leqslant \rho < 1$ 时，即使信息获取的成本 C 等于 0，获取需求信息可能会给零售电企业带来负效用，即信息价值为负，$U(a) < 0$。

定理 5.4 给出了对零售电企业而言需求信息的价值，以及零售电企业信息获取的条件。当相对于直购电方式，大用户更偏好从传统渠道购电时 $\left(0 \leqslant \rho < \dfrac{2a_2}{2a_2+\beta}\right)$，需求规模的方差 σ^2 越大，对零售电企业来说需求信息的价值 $U(a)$ 越高。换句话说，需求波动越强烈，对于有更多大用户群体的零售电企业而言，准确掌握需求信息，可以迅速对市场波动进行快速反应满足市场需求，为零售电企业带来更多收益。在这种情况下，如果市场调查或信息获取的成本 $C \leqslant U(a)$，零售电企业将积极地展开市场调研以获取需求信息，而发

电企业将坐享零售电企业的调研成果。

当相对于传统渠道，大用户更偏好直购电方式购电时 $\left(\rho > \dfrac{2a_2}{2a_2 + \beta}\right)$，问题变得有趣了。在这种情况下，由于发电企业拥有更多的大用户群体，因此相对于零售电企业，需求信息对发电企业更加有价值。此时，由于发电企业和零售电企业之间存在水平竞争，零售电企业获取需求信息可能会对自身带来收益的损失。此时，即使市场调查成本 C 为 0，零售电企业也不会进行需求信息获取。如果零售电企业获取需求信息，双方的最优决策如定理 5.3 所示，根据序贯博弈顺序，发电企业会根据零售电企业的定价策略，准确推断出真实的大用户需求信息，即信息不对称消失，不确定性需求变为确定性需求。然而由于零售电企业在信息传递过程中有逆向选择的动机，当需求规模比较低的时候 $[a < \phi(a)]$，零售电企业需要定一个偏离最优定价策略的传统渠道电价 $(p_{r2}^{*'} > p_{r1}^{*'})$ 以传递可信的需求信号，也就是定价扭曲，这将大大降低零售电企业的期望收益，或信息的价值 [式(5.85)第二项]。需求扰动的方差 σ^2 越大，需求信息的价值越高。如果需求扰动的方差 σ^2 很小，而零售电企业的大用户需求群体很小，运用需求信息快速反应市场所带来的收益不足以弥补由于逆向选择行为带来的损失，那么需求信息给零售电企业带来的期望 $U(a)$ 将小于 0。在这种情况下，零售电企业没有获取需求信息的动机，除非发电企业的实施补贴信息租或制定信息分享合同，以诱导零售电企业进行市场需求信息获取。

5.5　大用户渠道偏好对市场均衡的影响分析

5.5.1　算例应用

本节我们通过数值例子证明本章结果在电力市场中的应用，突出大用户偏好 ρ 对大用户电力市场均衡的影响。假设大用户用电需求在传统渠道和直购电渠道关于价格的交叉线性函数为

$$D_r = (1-\rho)a - a_1 p_r + \beta p_s \tag{5.86}$$

$$D_s = \rho a - a_2 p_s + \beta p_r \tag{5.87}$$

其中,渠道的价格敏感程度 $a_1 = 2$,$a_2 = 1$,渠道交叉敏感程度 $\beta = 0.75$,满足自身渠道价格敏感性比渠道交叉价格敏感性更大的假设($\min\{a_1, a_2\} > \beta$)。需求规模 a 为在区间 $[a_{\text{lower}}, a_{\text{upper}}]$ 内的不确定因素,需求规模 a 的均衡 $\bar{a} = 55$,下限值 $a_{\text{lower}} = 50$,上限值 $a_{\text{upper}} = 100$,方差为 σ^2。单位发电成本 $c = 6$。

发电企业和零售电企业都是完全理性且风险中性的,需求规模 a 是不确定性因素,零售电企业可以通过市场调查等信息获取方式准确获得 a 的值,发电企业仅能以零售电企业的零售电价为信号,推断出需求规模 a 的大小。将相关参数代入式(5.4)和式(5.5),可得发电企业和零售电企业的收益函数分别为

$$\pi_s = (p_s - 6)(\rho a - p_s + 0.75 p_r) + (w - 6)[(1 - \rho)a - 2p_r + 0.75 p_s] \tag{5.88}$$

$$\pi_r = (p_r - w)[(1 - \rho)a - 2p_r + 0.75 p_s] \tag{5.89}$$

5.5.2 大用户渠道偏好对最优定价的影响

1. 不确定电力需求

根据定理 5.1,我们首先求出基准情况,当零售电企业拒绝电力需求信息获取时,即在不确定电力需求情况下,电力市场 PBNE 均衡如下。

(1)发电企业的最优电力批发价 w^* 为

$$w^* = \begin{cases} 58.379\,9\rho + 16.743\,0, & \text{如果 } 0 < \rho < 0.078\,1 \\ 21.629\,9 - 4.203\,1\rho, & \text{如果 } 0.078\,1 \leqslant \rho < 1 \end{cases} \tag{5.90}$$

(2)其中,阈值 $\Theta(\rho) = 0.078\,1$。零售电企业最优零售电价 p_r^* 为

$$p_r^* = \begin{cases} 6.693\,8\rho + 53.541\,4, & \text{如果 } 0 < \rho < 0.078\,1 \\ 56.384\,6 - 29.718\,1\rho, & \text{如果 } 0.078\,1 \leqslant \rho < 1 \end{cases} \tag{5.91}$$

(3)发电企业最优直购电价 p_s^* 为

$$p_s^* = \begin{cases} 58.379\,9\rho + 16.743\,0, & \text{如果 } 0 < \rho < 0.078\,1 \\ 14.779\,5\rho + 30.005\,5, & \text{如果 } 0.078\,1 \leqslant \rho < 1 \end{cases} \tag{5.92}$$

将式(5.89)~(5.91)代入(5.10)中,可得零售电企业的期望收益

$E(\pi_r^*)$ 为

$$E(\pi_r^*) = (p_r^* - w^*)[55(1-\rho) - 2p_r^* + 0.75p_s^*] \tag{5.93}$$

在需求信息不确定的情况下,电力市场定价策略以 $\Theta(\rho)$ 为阈值,当 $\rho > 0.0781$ 时,最优零售电价 p_r^* 随着大用户对直销渠道偏好的增长而线性减少,反之,直购电价随着大用户对直销渠道偏好的增长而线性增加,即用户偏好 ρ 决定了发电企业和零售电企业的定价能力,符合渠道竞争的经济学规律。当 $\rho < 0.0781$ 时,此时直购电渠道的需求规模非常小,不等式约束 $p_s \geqslant w$ 为紧约束,即直购电力批发价 $w^* = p_s^*$,由于刚性的约束条件,此时的电力批发价相比于收益最大化的最优电力批发价来说是偏低的。因此随着大用户对直购渠道偏好的增长,发电企业通过缓慢增加电力批发价 w^* 来提高收益,当 ρ 增长至 0.0781,$p_s \geqslant w$ 变为松约束,发电企业的价格和批发价才是满足发电企业收益最大化的最优定价。

2. 准确传递需求信息

当零售电企业拥有大用户需求信息时,即可以准确知道需求规模 a,根据博弈时序(见图 5.3),信息传递博弈在发电企业决定批发价 w 之后,因此最优批发电价 $w^{*'} = w^*$。根据定理 5.2,可知当用户偏好满足 $0 \leqslant \rho < \dfrac{2a_2}{2a_2 + \beta} = 0.7273$ 时,零售电企业与发电企业在用户需求信息传递过程中不存在逆向选择行为,零售电企业真实地传递需求信息,大用户电力市场 PBNE 均衡如下。

(1)发电企业的最优电力批发价 w^* 为

$$w^{*'} = \begin{cases} 58.3799\rho + 16.7430, & \text{如果 } 0 < \rho < 0.0781 \\ 21.6299 - 4.2031\rho, & \text{如果 } 0.0781 \leqslant \rho < 0.7273 \end{cases} \tag{5.94}$$

(2)零售电企业最优零售电价 $p_r^{*'}(a)$ 为

$$p_r^{*'}(a) = \begin{cases} 0.5(1-\rho)a + 1.375w^{*'}, & \text{如果 } 0 \leqslant \rho < 0.0781 \\ (0.2910 - 0.1818\rho)a + 0.5818w^{*'} + 0.1636, & \text{如果 } 0.0781 \leqslant \rho < 0.7273 \end{cases} \tag{5.95}$$

(3)零售电企业以零售电价 $p_r^{*'}(a)$ 为信号,真实地传递用户需求规模 a。发电企业的最优直购电价 $p_s^{*'}(p_r^{*'}, a)$ 为

$$p_s^{*\prime}(p_r^{*\prime}, a) = \begin{cases} w^{*\prime}, & \text{如果 } 0 < \rho < 0.078\,1 \\ 0.5\rho a + 0.375 p_r^{*\prime} + 0.375 w^{*\prime} + 0.75, & \text{如果 } 0.078\,1 \leqslant \rho < 0.727\,3 \end{cases}$$

$$(5.96)$$

3. 有动机传递"虚假"信息

根据定理 5.3，可知当用户偏好满足 $0.727\,3 \leqslant \rho < 1$ 时，由于零售电企业有动机传递"虚假"信息给发电企业，大用户电力市场 PBNE 均衡如下。

（1）发电企业的最优电力批发价 w^* 为

$$w^* = 21.629\,9 - 4.203\,1\rho \tag{5.97}$$

（2）零售电企业最优零售电价 $p_r^{*\prime}(a)$ 为

$$p_r^{*\prime}(a) = \begin{cases} (0.291\,0 - 0.181\,8\rho)a + 0.581\,8 w^{*\prime} + 0.163\,6 + \Delta(a), & \text{如果 } 0.727\,3 \leqslant \rho < \bar{\phi}(a) \\ (0.291\,0 - 0.181\,8\rho)a + 0.581\,8 w^{*\prime} + 0.163\,6, & \text{如果 } \bar{\phi}(a) \leqslant \rho < 1 \end{cases}$$

$$(5.98)$$

$\Delta(a)$ 是关于 ρ 和 a 的二次函数，

$$\Delta(a) = \begin{pmatrix} 0.033\,1\rho^2 a^2 - 0.105\,8\rho a^2 + 0.084\,6 a^2 - 0.639\,1\rho^2 a + 4.252\,3\rho a \\ -5.167\,5a - 325.034\,0\rho^2 + 634.524\,7\rho - 346.604\,4 \end{pmatrix}^{0.5}$$

$$(5.99)$$

（3）零售电企业以零售电价 $p_r^{*\prime}(a)$ 为信号，真实地传递用户需求规模 a。发电企业的最优直购电价 $p_s^{*\prime}(p_r^{*\prime}, a)$ 为

$$p_s^{*\prime}(p_r^{*\prime}, a) = 0.5\rho a + 0.375 p_r^{*\prime} + 0.375 w^{*\prime} + 0.75 \tag{5.100}$$

其中，阈值 $\bar{\phi}(a)$ 为

$$\bar{\phi}(a) = \frac{2\,624.986\,7\rho^2 - 5\,325.969\,4\rho + 3\,403.898\,6}{(5\rho - 8)^2} \tag{5.101}$$

式（5.94）～式（5.101）表示当零售电企业拥有了需求信息时，发电企业和零售电企业的最优定价策略。与需求信息不确定的情况相同，用户偏好 ρ 决定了发电企业和零售电企业的定价能力，即直购电价随着大用户对直销渠道偏好的增长而线性增加，传统购电渠道电价随着偏好的增加而减少。由于零售电企业优先拥有了需求信息，因此零售电企业会根据实际的需求规模 a 调

整最优定价策略 $p_r^{*'}(a)$，而发电企业根据零售电企业的价格信号也会策略性地调整直购电渠道电价 $p_s^{*'}(p_r^{*'}, a)$。

4. 定价策略分析

具体而言，零售电企业的定价策略分为三种情况。

（1）当 $0 \leqslant \rho < 0.0781$ 时，此时大用户非常偏好从传统渠道购电，零售电企业拥有非常大的大用户需求，即零售电企业和发电企业的市场力悬殊，因此，发电企业的最优决策是根据实际的需求规模 a 快速调整传统渠道电价以满足市场需求，如式（5.95）所示。由于此时发电企业的市场规模非常小且 $p_s \geqslant w$ 为紧约束，即使发电企业拥有了真实需求信息，p_s 也无法根据零售电企业传递的市场需求信息快速调整价格，即 $p_s^{*'}(p_r^{*'}, a) = w^{*'} = 21.6299 - 42031\rho$。

（2）当 $0.0781 \leqslant \rho < 0.7273$ 时，零售电企业有一定的传统渠道市场规模，因此零售电企业最优定价策略 $p_r^{*'}(a)$ 为根据实际市场规模 a，快速调整最优传统渠道电价以使得收益最大化。此时信息泄露虽然使得零售电企业失去了信息优势，使得渠道竞争加剧，但是零售电企业用其他价格策略来误导发电企业，其收益一定不大于真实传递需求信息所带来的收益，因此零售电企业没有逆向选择动机。发电企业也拥有一定的直购电市场规模，且拥有了零售电企业分享的需求信息，发电企业同样可以快速调整直购电渠道的电价 $p_s^{*'}(p_r^{*'}, a)$ 以满足市场需求，如式（5.96）所示，而且不需要进行市场需求信息获取或市场调查。

（3）当 $0.7273 \leqslant \rho < 1$ 时，此时大用户非常偏好从直购电渠道购买电力，即零售电企业的市场规模非常小，这种情况下零售电企业拥有需求信息可能给零售电企业造成负收益。当零售电企业观测到市场需求规模 a 非常大 $\left[a > \bar{\phi}(a) = \dfrac{2624.9867\rho^2 - 5325.9694\rho + 3403.8986}{(5\rho - 8)^2} \right]$ 时，传统渠道和直购电渠道的市场需求都非常大，因此零售电企业的最优选择为快速反应市场以满足市场需求，实现收益最大化，且此时零售电企业的定价对发电企业来说是可信的，与第（2）中情形相同。但是当市场规模比较小时 $[a < \bar{\phi}(a)]$，零售电企业有传递"虚假"需求信息以减少渠道竞争的动机，即存在逆向选择行为动机。此时零售电企业若以真实反映市场需求的定价策略，即定价策略为 $p_r^{*'}(a) = (0.2910 - 0.1818\rho)a + 0.5818w^{*'} + 0.1636$，发电企业不清楚零

售电企业的定价策略是因为真实需求比较低 $[a < \bar{\phi}(a)]$，还是因为零售电企业有意让发电企业认为需求比较低。在这种情况下，迫使零售电企业向上扭曲一个价格 $\Delta(a)$，如式(5.98)所示，使得发电企业相信零售电企业传递的需求信号，即最优的定价变为 $p_r^{*\prime}(a) = (0.291\,0 - 0.181\,8\rho)a + 0.581\,8w^{*\prime} + 0.163\,6 + \Delta(a)$。在这种情况下，拥有需求信息的零售电企业反而不能根据实际需求调整价格，而是需要考虑逆向选择行为的作用，导致定价偏离最优零售电价，进而导致收益下降。发电企业虽然拥有了需求信息，但是零售电企业偏离了最优零售电价导致发电企业也需要根据零售电价调整直购电市场的电价。综上，在这种情况下，拥有需求信息的零售电企业反而导致收益下降，逆向选择行为诱导的定价扭曲降低了双渠道供应链的效率(见图 5.4)。

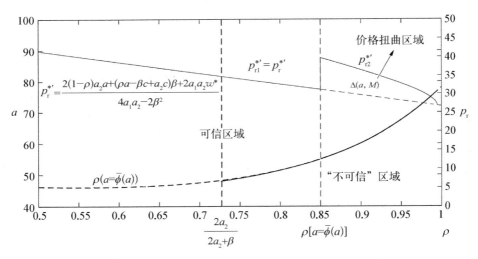

图 5.4　渠道偏好对零售电企业定价和扭曲区域的影响

5.5.3　需求信息价值分析

定理 5.4 给出了对零售电企业而言，需求信息的价值。将相关参数分别代入定理 5.4 中，取需求的随机扰动方差 σ^2 分别为 20、30、50，求出不同大用户偏好下，需求信息对零售电企业的价值，如表 5.2 所示。从表 5.2 中可以看出，需求信息的价值 $U(a)$ 随着大用户对直销渠道偏好的增加先增加，随后减少至负效用。当 $\rho = 0.078\,1$ 时，需求信息的价值 $U(a)$ 达到最大值，当 $\rho > 0.727\,3$ 时，零售电企业拥有需求信息反而会得到负效用。

表 5.2 用户偏好对需求信息的影响

用户偏好 ρ	需求信息对零售电企业的价值 $U(a)$		
	$\sigma^2 = 50$	$\sigma^2 = 30$	$\sigma^2 = 20$
0	6.250 0	3.750 0	2.500 0
0.1	6.392 0	3.835 2	2.556 8
0.2	5.568 2	3.340 9	2.227 3
0.3	4.801 1	2.880 7	1.920 5
0.4	4.090 9	2.454 5	1.636 4
0.5	3.437 5	2.062 5	1.375 0
0.6	2.840 9	1.704 5	1.136 4
0.7	2.301 1	1.380 7	0.920 5
0.8	−2.076 6	−2.085 2	−2.089 56
0.9	−1.921 4	−1.928 2	−1.931 6
1.0	0.000 0	0.000 0	0.000 0

（1）当大用户需求对直购电渠道偏好非常小的时候（$0 \leqslant \rho < 0.078\,1$），对零售电企业而言，获取需求信息价值 $U(a)$ 随着大用户对直购渠道的增加而增加。当大用户偏好达到极限 $\rho = 0$ 时，此时大用户仅通过传统渠道进行购电，发电企业不开设直购电渠道，零售电企业和发电企业之间没有渠道竞争，因此零售电企业获取需求信息的唯一目标是快速反应市场以满足市场需求，使得收益最大化。随着大用户对直购电渠道偏好的增加，发电企业在小范围内侵占零售电企业的大用户电力市场，由于大用户对直购电企业的接受能力较低，此时的最优直购电价 p_s 应低于电力批发价 w。为防止零售电企业的投机现象，本书假设存在约束 $p_s > w$，当 $0 \leqslant \rho < 0.078\,1$ 时，约束为紧约束。在这种情况下，发电企业为了收益最大化会在批发价和直购电价之间寻找平衡，导致电力批发价比最优电力批发价偏低，而直购电价 p_s 比最优直购电价偏高。此外，由于批发价 w 的确定先于零售电企业的信息获取和信号传递，当批发价确定后，直购电价无法根据零售电企业传递的需求信息及时调整直购电

价,即 $p_s^{*\prime}=w^{*\prime}$ 为刚性条件,因此零售电企业在这种情况下获取需求信息是非常有益的。低于最优的电力批发价可以使零售电企业满足更多的用户需求,且不用担心信息泄露带来的渠道竞争加剧。

(2) 当大用户需求对直购电渠道偏好比较小($0.0781\leqslant\rho<0.7273$)时,根据定理 5.4,此时的信息价值 $U(a)=\dfrac{(2-1.25\rho)^2}{27.5}\sigma^2$,对零售电企业而言,获取需求信息价值 $U(a)$ 随着大用户对直购渠道的增加而减小 $\left[\dfrac{\partial U(a)}{\partial\rho}=-0.09(2-1.25\rho)\sigma^2<0\right]$。当 $\rho>0.0781$ 时,发电企业拥有一定的市场力,约束 $p_s>w$ 为松约束。此时发电企业会根据零售电企业传递的需求信号,策略性地调整直购电渠道的电价 p_s,需求信息不对称消失。发电企业定价策略增加了渠道竞争,尤其是需求规模 a 比较大的时候,零售电企业在传统渠道的提价会导致发电企业在直购电渠道的提价,双渠道的高定价降低了部分市场需求量,从而影响了零售电企业的收益。因此由于信息泄露,该情况下的信息价值 $U(a)$ 小于情况(1)时的信息价值(见表 5.2)。然而此时零售电企业的市场规模比较大,逆向选择行为(传递"虚假"需求信息)的成本过高,所以虽然零售电企业的定价会导致信息泄露,但零售电企业仍会真实地传递需求信息。此时需求信息的价值 $U(a)$ 随着大用户对传统渠道偏好($1-\rho$)的减少而减少。

(3) 当大用户需求对直购电渠道偏好比较大时($\rho>0.7273$),此时发电企业拥有很大的大用户群体规模,根据定理 5.4,零售电企业拥有需求信息的收益 $U(a)$ 满足式(5.100)。

$$U(a)=\frac{(2-1.25\rho)^2}{27.5}\sigma^2-$$
$$\int_{50}^{\bar{\phi}(a)}\frac{[(2-\rho)a+\rho w^*-(\rho+0.75)(2p_r^{*\prime}(a)+\Delta(a))-1.5]\Delta(a)}{4}da$$
$$(5.102)$$

随着发电企业侵占越来越多的零售电市场,零售电企业的市场用户需求规模越来越小,渠道竞争越来越激烈。与之前的分析一致,当发电企业拥有需求信息时,如果实际市场需求规模 a 高于 $\bar{\phi}(a)$,零售电企业对市场进行快速反应,真实地传递市场需求所获得的期望为正,如情况(2)所示。但是当需求规模 a 小于 $\bar{\phi}(a)$ 时,由于零售电企业有以价格为信号传递低需求规模,欺骗发电企业以减少渠道竞争程度的动机,为使得发电企业相信零售电企业传递的信号,零售电市场定价需要在最优定价的基础上,向上偏离 $\Delta(a)$。 定价扭曲 $\Delta(a)$ 给零售电企业带来的期望损失为

$$\int_{50}^{\bar{\phi}(a)} \frac{\{(2-\rho)a+\rho w^*-(\rho+0.75)[2p_r^{*\prime}(a)+\Delta(a)]-1.5\}\Delta(a)}{4}da。$$ 当不确定需

求 a 的方差 $\sigma^2 > \int_{50}^{\bar{\phi}(a)} \frac{\{(2-\rho)a+\rho w^*-(\rho+0.75)[2p_r^{*\prime}(a)+\Delta(a)]-1.5\}\Delta(a)}{0.145\,5(2-1.25\rho)}da$

时,即需求波动比较大,此时获取需求信息仍给零售电企业带来正效用。反之,需求波动比较小,获取需求信息会给零售电企业带来负效用(见表 5.2)。

表 5.2 还说明了需求的波动程度 σ^2 对需求信息价值的影响。需求规模的波动程度 σ^2 越大,准确掌握需求信息对零售电企业的收益越大。当需求过高时,根据掌握的需求规模提高市场价格可以增加零售电企业的收益。当市场需求低迷时,根据掌握的需求信息降低市场价格同样可以增加收益。此外,当市场需求规模较低时,与发电企业的信息共享可以使发电企业降低直销价格,可以同时减少发电企业和零售电企业,即整个双渠道供应链的损失。

5.5.4　渠道偏好定价扭曲区域的影响

在 5.3.1 和 5.3.2 小节中,我们分析了大用户渠道偏好对最优定价的影响,在 5.3.3 小节中分析了需求信息的价值,从上述的分析中可以看出定价扭曲对大用户电力市场的定价以及整个双渠道供应链的效率都产生了很大的影响。因此,本节对零售电企业定价扭曲区域进行分析,研究影响定价扭曲区域的因素。根据之前的参数取值以及定理 5.2 和 5.3 中的结论,可以得到关于大用户偏好 ρ 以及实际需求规模 a 对扭曲区域的影响,如图 5.5 所示,其中 $\bar{\phi}(a)$ 满足式(5.63)。

(1) 当 $\rho \geqslant \dfrac{2a_2}{2a_2+\beta}$ 以及 $a \leqslant \bar{\phi}(a)$ 同时满足时,零售电企业和发电企业之间的价格博弈才存在逆向选择行为,即"定价扭曲区域"或"Non-confidence"区域。在这个区域内,相比于传统渠道购电,大用户更偏好从直购电渠道进行购电,即发电企业拥有很大的用户市场规模 ρa。 在这种情况下,相较于市场规

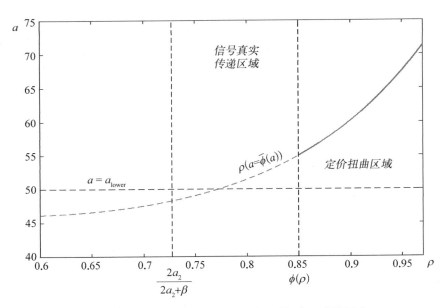

图 5.5　大用户偏好 ρ 和需求规模 a 对扭曲区域的影响

模非常小的零售电企业而言 $[(1-\rho)a]$，需求信息对发电企业更有价值也更加重要。此时，当真实的市场需求比较小 $[a \leqslant \bar{\phi}(a)]$，零售电企业有动机以价格为信号，传递"虚假"需求信息误导发电企业，以获得额外收益。反之，当零售电企业拥有较大的市场规模时 $\left(\rho < \dfrac{2a_2}{2a_2+\beta}\right)$，或者市场需求比较大 $[a > \bar{\phi}(a)]$，发电企业和零售电企业之间的价格博弈不存在逆向选择行为，即发电企业传递"虚假"需求信息的成本过高，导致零售电企业选择放弃信息私有性，选择真实地反映市场需求。

（2）图 5.5 中的红线为 $\rho[\bar{\phi}(a)]$，是零售电企业定价扭曲的需求上限，满足式(5.62)。可以看出大用户对直购电渠道的偏好越高，相应的需求规模的阈值 $\bar{\phi}(a)$ 越高。也就是说，如果零售电企业的市场规模越来越小，零售电企业逆向选择的动机就会越来越强烈。造成这种现象的原因是零售电企业逆向选择的成本小，大用户需求大部分被发电企业占据，零售电企业已无利可图。以5.3.1 小节中的数值例子为例，当极端 $\rho > 0.9$ 时，零售电企业的收益接近于0。而需求规模的阈值 $\bar{\phi}(a)$ 也随着 ρ 的增加而变大，导致拥有需求信息的期望损失 $\displaystyle\int_{50}^{\bar{\phi}(a)} \dfrac{\{(2-\rho)a + \rho w^* - (\rho + 0.75)[2p_r^{*'}(a) + \Delta(a)] - 1.5\}\Delta(a)}{4}da$

变大,如表 5.2 中的例子,当 $\rho=0.9$,拥有需求信息带来的收益为 -1.92。强烈的渠道竞争和非常有限的传统渠道收益,使得拥有需求信息的零售电企业的整体收益为负数,此时会迫使零售电企业宁愿退出大用户电力市场,也不会与发电企业共享需求信息,导致两败俱伤,供应链效率降低。

（3）交叉价格敏感系数 β 对价格扭曲区域的影响。交叉价格敏感性体现了两个渠道的电力差异性或者说是替代程度。敏感系数 β 越小,两个渠道的电力产品差异越大、替代性越低。当敏感系数 β 达到极限值 0 时,直购电渠道的电力与传统渠道的电力属于两个独立的市场,渠道间的竞争消失。图 5.5 中,系数 β 直接影响两个阈值 $\frac{2a_2}{2a_2+\beta}$ 和定价扭曲的上限 $\rho[a=\bar{\phi}(a)]$ 的取值。β 越小（两个渠道越独立）,阈值 $\frac{2a_2}{2a_2+\beta}$ 越大,也就是说"定价扭曲"区域越小。当 β 等于 0 时,阈值 $\frac{2a_2}{2a_2+\beta}=1$,定价扭曲区域消失。同样地,敏感性 β 和阈值 $\rho[a=\bar{\phi}(a)]$ 也是反向相关的关系,两个渠道越独立、渠道竞争越小,定价扭曲的上限 $\rho[a=\bar{\phi}(a)]$ 越低,定价扭曲区域越小。这个结论与现实相符。当两个市场更加独立时,两个渠道中的客户相对孤立,因此零售电企业和发电企业之间的价格竞争激烈程度就会下降,逆向选择行为动机得到缓解。

此外,敏感系数 β 也直接影响了零售电企业的最优定价,零售电企业的最优定价 $p_r^{*'}$ 随着敏感系数 β 的上升而下降。其经济学的解释为:两个渠道越独立,零售电企业和发电企业在各自渠道中的垄断程度越高。当敏感系数 β 等于 0 时,发电企业和零售电企业在各自渠道中是完全垄断企业,因此它们定的垄断价格比存在渠道竞争时的价格更高。此时,零售电企业的需求信息传递不影响渠道竞争,因此零售电企业不存在以价格为信号的逆向选择动机。因此,一个有效降低双渠道电力供应链中低效率的方法是,增加直购电和零售电之间的差异性,或者说增加两个渠道的相对独立性。例如:增加直购电/零售电的附加产品,如用电质量要求、配套服务、电力合同期或者大用户评估标准等,最大限度地减少发电企业对零售电企业市场的侵占行为。在除电力市场外的双渠道供应链研究中也有学者提出减少渠道竞争的政策建议,如 Li 等（2014）提出可以增加传统渠道的附加产品,如售后服务、质量保证体系等,或仅退出在线销售产品/零售产品等缓解渠道竞争。

5.5.5 政策建议

我国从 2002 年实施电力体制改革以来,相继开展了大用户直购电(与发电企业直接交易)的试点和探索,国家发改委希望通过加快直购电改革,打破电力体制改革僵局。目前,我国电力交易市场化取得了重要的进展,尤其是 2004 年《电力用户向发电企业直接购电试点暂行办法》颁布后,重庆、黑龙江、辽宁、吉林、河南等 24 个省级行政区相继开展了大用户与发电企业直接交易试点,电力市场化交易取得重要进展,为电力监管积累了重要经验。

但是,据 2014 年《中国经济时报》报道,我国五大发电公司对直购电改革的积极性并不高。实际上,由于直购电受到地方政府的干预甚至是主导,直购电变成了"优惠电",地方政府通过强制降低直购电价撮合发电企业和大用户之间的交易(《中国经济时报》,2014)。此外,随着电力供应的提高导致用电需求的偏紧、发电成本飙升(煤电价格上升),发电企业缺乏发展直购电的积极性。零售电企业作为曾经的垄断行业具有很强的市场力,强势的零售电企业的利益还难以撼动。五大发电公司认为直购成交的电量可谓"杯水车薪",为此影响与零售电企业的长期合作是不值得的(全国电力体制改革座谈会,2014)。针对这两方面的问题,本书认为可以从两方面进行改进。

第一,厘清电价交叉补贴机制,构建适应直购电的电价机制,增加发电企业参与的积极性。为了激发零售电企业降本增效的目标,实施大用户直购电需要给大用户提供可以与零售电市场电价相竞争的优惠直购电价。但是,当前我国零售电企业的零售电价格偏低,电能质量也参差不齐,且电价补贴错综复杂。以最为复杂和严重的交叉补贴即电价加成补贴为例,如国务院批准的三峡建设基金、大型水利工程基金、水库维护基金、农网建设基金、新能源发展基金、教育附加等政府性基金。除此之外,一些为促进新能源发展和发电的间接高价补贴,如固定价格补贴、可再生能源补贴机制、投资补贴等,以及可再生能源设备维护的政府补贴等。这些补贴无法在大用户直购电市场中实现,导致大用户直购电价与传统零售电价没有可竞争性。即目前零售电企业的零售电价 p_r 低于市场竞争条件下的 $p_r^{*'}$,而在这种情况下,发电企业为防止零售电企业的套现行为,约束 $p_s \geqslant w$ 为紧约束,即发电企业的实际定价高于最优定价 $p_s^{*'}$,开设直购电渠道并没有增加发电企业的收益,反而会影响发电企业与零售电企业的电力交易批发价 w,因此发电企业没有经营直购电渠道的动力。

因此,厘清零售电力市场的电价补贴机制、构建适应大用户直购电的电价机制,增强直购电渠道的价格竞争力,可以增加发电企业参与的积极性。

第二,控制直购电总量、提高直购电市场准入条件有利于缓解发电企业和零售电企业的渠道竞争。根据定理 5.2 和 5.3 可知,当大用户对直购电偏好高于阈值时,即发电企业侵占零售电企业的用户需求市场高于阈值时,由于渠道竞争加剧,导致零售电企业存在逆向选择的动机。保证零售电企业定价不扭曲且零售电企业愿意与发电企业共享需求信息的方式分为两种,一种直接对大用户市场在直购电渠道的需求规模 ρa 进行规定,保证 $\rho < \dfrac{2a_2}{2a_2 + \beta}$,使得零售电企业自愿与发电企业分享需求信息且缓解了发电企业和零售电企业的渠道竞争。当前中国在开展的试点省份中,已经对大用户交易总量进行了限制,在交易电量的设计上,各省市从 2% 到 10% 不等,其中以 2% 的大部分试点城市采取的限额值。此外,很多省份对单个电力用户交易电量也进行了限制。如福建省规定单个大用户交易电量原则上以上年度企业购电量的 80% 为限额,不得超过限额交易。新进入电力用户交易量原则上不超过当年度企业计划购电量的 70%,且不超过全省交易电量总规模的 10% 等。另一种对大用户准入条件进行规定。通过提升准入条件将大用户分离出来,有助于发电企业对用电企业的用电进行管理和调度,而且可以缩小直购电市场规模,缓解渠道竞争。如当前的试点省份要求电力用户全年用电量需在 5 000 万千瓦时以上,用电电压等级在 110 千伏以上的企业为大用户,才可参与大用户直购电市场交易。

第三,发挥直购电电力成本相对低廉、电力供应较为稳定的优势,增强直购电的竞争力。提高直购电和零售电渠道的产品异质性 β 可以有效地降低渠道竞争性,同时增加直购电和发电企业的收益。正如 5.3.4 小节中分析的,两个渠道越独立,零售电企业和发电企业在各自渠道中的垄断程度越高,电力供应链效率越高。因此,增加直购电渠道电力与传统渠道电力的差异化,如发挥直购电供应的稳定性优势的特点,增加直购电/零售电的附加产品,如用电质量要求、配套服务、电力合同期等,有助于提高供应链,尤其是发电企业的收益。此外,提升直购电的发电质量在缓解侵占零售电企业的市场作用的同时,还直接增加了大用户需求。

5.6 本章小结

考虑信息流与物料流的相互作用,关于信息传递的价格竞争问题一直以来是供应链管理的热点问题。本章针对电力双渠道供应链信息不对称的问题,考虑零售电企业和发电企业的激励相容冲突,研究了双渠道电力供应链的定价博弈问题,并获得了完美贝叶斯纳什均衡解。研究结果表明,零售电企业以价格为信号传递需求信息在有些情况下会导致定价扭曲,降低供应链效率。此外,本书还创新性地研究了大用户偏好对最优定价决策的影响,得出了一些有趣的结论。

我们先得到了发电企业和零售电企业定价博弈的 PBNE 解(定理 5.2,定理 5.3,定理 5.4)。零售电企业的最优零售电价受发电成本、大用户偏好、需求规模以及渠道竞争程度的影响。其中,大用户渠道偏好对零售电企业和发电企业的最优决策和需求信号传递有很大影响。当大用户对传统购电渠道的偏好超过阈值时,获取需求信息对零售电企业和发电企业都具有正向的效用,这与传统的研究是一致的。反之,当大用户对直购电渠道的偏好超过阈值时,虽然需求信息传递没有被扭曲,但是由于零售电企业的逆向选择动机,导致零售电企业的定价偏离最优决策,即定价被扭曲。在这种情况下,信息获取并不总是对零售电企业有利的,尤其是需求规模波动较小时,拥有需求信息会给零售电企业带来负效用。但是零售电企业的信息泄露总是给发电企业带来正效用。在 2009 年,基于传统供应链的高—低需求规模分布,Anand 和 Goyal(2009)首次发现了信息流对物料流的扭曲作用,而我们的研究更多地集中于双渠道供应链的特性上(渠道产品异质性等),并将高—低需求分布拓展至一般分布,证明了这种扭曲现象在一般分布的需求规模下仍然存在。我们的研究模型及扩展为大用户电力市场参与者的定价策略和信息披露提供了决策支持,也为双渠道供应链协调管理提供了理论框架。

此外,本章的研究也有一定局限性。我们考虑了发电企业和零售电企业的一次价格博弈,但是没有考虑参与者之间的合同或者信息补贴等政策因素。在实际中,当零售电企业没有获取市场需求信息的动机,而发电企业打算获取需求信息时,发电企业可以通过合同或者补贴政策来协调供应链,因此这项研究在未来的工作中可以拓展到多个方向。

第 6 章

总结与展望

6.1 本书主要研究结论

建立科学、以市场为导向的电力交易市场,是电力体制改革的关键。本书分别针对电力市场改革后的电力集中交易市场和多边交易市场两种主要电力交易模式,系统分析了发电企业、售电企业、用户间的博弈机理,对发电企业的最优投标策略、市场电价变化规律以及最优激励机制进行了分析。本书的主要研究结论如下。

(1) 本书构建了集中竞价市场中发电企业的最优投标策略模型。在集中竞价交易市场中,考虑了竞价对手的成本分布、弹性市场需求、发电企业人数、策略性投标行为等,通过引入规范化的投标价格,得到了统一市场出清价格规则下的市场纳什均衡,并证明了其唯一性。结果表明,发电企业的边际成本越高,投标价格越高,这与传统的研究结果一致。发电企业的最优投标策略满足定理 4.2,最优投标价格等于真实成本加上获胜概率的非线性组合。

(2) 需求是影响电力市场战略行为的主要因素之一。需求侧电力的放松以及电力消费者议价能力的增强,使得电力需求表现出价格响应性。但是,即使在价格响应性需求下,发电企业之间仍存在利用市场力提高出清价格的现象。但是,与非弹性需求拍卖相比,价格响应性需求拍卖是抑制发电企业行使市场力的有效途径。

(3) 基于可再生能源集中交易市场,提出了促进可再生能源发电的最优激励机制,补贴反映了传统能源市场与可再生能源市场间的联动性。若传统能源收益由于税收或者环境成本导致收益下降或可再生能源发电行业成本下降,单位最优补贴同样也会下降,这与政策建议相符。与成本相关的价格补偿机制可以弥补发电企业采用可再生能源发电与采用传统能源发电的收益差值,有效激励发电企业发展可再生能源。与固定上网电价补贴相比,按发电成本补偿的机制可以缓解国家的财政赤字并促进发电企业降低发电成本。本书提出的可再生能源价格补贴机制可有效地增加市场竞争性,降低市场均衡电价,但是仅适用于当前可再生能源平均成本比较高的情况。当可再生能源发电成本降低过快时,补贴没有及时下降,发电企业将会出现负投标,反而会影响市场效率。

（4）本书构建了多边交易市场中发电企业的最优定价模型。分析了发电企业、售电企业和大用户之间的博弈关系,构建了电力双渠道供应链三方序贯博弈模型,考虑售电企业和发电企业的激励相容约束,研究发电企业和售电企业在需求不确定情况下的最优定价策略,并获得了双渠道电力供应链完美贝叶斯纳什均衡解。结果表明,发电企业过度侵占售电企业的市场会导致售电企业定价扭曲,降低电力供应链效率。

（5）由于零售电交叉补贴严重,我国当前零售电价低于竞争条件下最优电价。为防止零售电企业的套现行为,规定直购电价不得低于电力批发价,这导致发电企业开设直购电渠道并没有增加发电企业的收益,反而会影响发电企业与零售电企业之间电力批发价的确定。因此,厘清零售电市场的电价补贴机制、完善大用户直购电的相关配套补贴,可以提升直购电渠道的价格竞争力,进而增强发电企业参与的积极性。

（6）当发电企业侵入零售电企业的需求市场高于阈值时,由于渠道竞争加剧,导致零售电企业存在逆向选择的动机,反而降低了电力供应链的效率。在极端情况下,零售电企业宁愿退出大用户电力市场,也不会与发电企业共享大用户需求信息,导致两败俱伤,降低供应链效率。因此,控制直购电总量、提高直购电市场准入条件有利于缓解发电企业和零售电企业的渠道竞争。

（7）基于对多边交易电力市场的探究,提出有利于直购电发展的三个政策建议:第一,厘清电价交叉补贴机制,构建适应直购电的电价机制,增加发电企业参与的积极性;第二,控制直购电总量、提高直购电市场准入条件有利于缓解发电企业和零售电企业的渠道竞争;第三,发挥直购电电力成本相对低廉、电力供应较为稳定的优势,提升直购电的竞争力。

（8）提高直购电和零售电渠道的电力产品异质性可以有效地降低渠道竞争性,也可以同时增加直购电和发电企业的收益。两个渠道越独立,零售电企业和发电企业在各自渠道中的垄断程度越高,电力供应链效率越高。因此,增强直购电渠道电力与传统渠道电力的差异化,如发挥直购电供应的稳定性优势的特点,增加直购电/零售电的附加产品,如用电质量要求、配套服务、电力合同期等,有助于提高供应链,尤其是发电企业的收益。此外,提升直购电的发电质量在缓解侵占零售电企业的市场作用的同时,还直接增加了大用户需求。

6.2 未来研究展望

电力市场化改革仍在如火如荼地进行着,构建适合中国电力市场发展的电力交易模式还在探索阶段。关于如何创新电力交易体制,构建适合中国电力市场发展的电力交易模式,仍需要进一步研究和实践。其中,关于本书的研究可以通过三个方面进行拓展。

首先,为获得可解析的、一般形式的贝叶斯纳什均衡解,我们假设所有发电企业的成本分布是相同的,得到发电企业的最优投标策略,这是一个比较强的假设。这一假设可以在今后的工作中进行拓展至不同的分布。此外,今后的工作包括研究不同发电来源下的竞价策略、设计有效的拍卖机制以增加社会福利。

其次,在实践中由于技术约束和可再生能源的不稳定性与间歇性,影响可再生能源发电过程的因素很多,包括风机的建设地理位置、光照强度、所选用的技术手段、电网的建设情况等。而本书仅选取可人为控制的发电企业运营表现作为研究对象,而其他自然因素,本书以随机过程的形式进行假定。在今后的研究中,可将发电量的随机过程细化,研究不同因素对发电过程的作用机理。

最后,我们考虑了发电企业和零售电企业的一次价格博弈,但是我们没有考虑参与者之间的激励性合同或者信息补贴等政策因素。在实际中,当零售电企业没有获取市场需求信息的动机,而发电企业获取需求信息可以获得更多收益时,发电企业可以通过合同或者补贴政策来协调供应链,这项研究在未来的工作中可以进行挖掘,研究电力供应链最优合同问题。

参考文献

[1] Abhishek V, Hosanagar K. Optimal Bidding in Multi-Item Multi-Slot Sponsored Search Auctions[J]. Operations Research, 2013, 61(4): 855-873.

[2] Abrardi L, Cambini C. Tariff Regulation with Energy Efficiency Goals [J]. Energy Economics, 2015, 49(35): 122-131.

[3] Adomavicius G, Curley S P, Gupta A, et al. Effect of Information Feedback on Bidder Behavior in Continuous Combinatorial Auctions [J]. Management Science, 2012, 58(4): 811-830.

[4] Ahmad S, Ambrosetti A. A Textbook on Ordinary Differential Equations[M]. Springer International Publishing, 2015.

[5] Albanesi S, Sleet C. Dynamic Optimal Taxation with Private Information[J]. Review of Economic Studies, 2010, 73(1): 1-30.

[6] Aliabadi D, Kaya M, Şahin G. An Agent-Based Simulation of Power Generation Company Behavior in Electricity Markets under Different Market-Clearing Mechanisms[J]. Energy Policy, 2017, 100(1): 191-205.

[7] Alizamir S, Véricourt F D, Sun P, Efficient Feed-In-Tariff Policies for Renewable Energy Technologies[J]. Operations Research, 2016, 64(1): 52-66.

[8] Anand K S, Goyal M. Strategic Information Management under Leakage in a Supply Chain[J]. Management Science, 2009, 55(3): 438-452.

[9] Anderson E, Cau T. Modeling Implicit Collusion Using Coevolution

[J]. Operations Research，2009，57(2)：439－455.

[10] Andor M，Voss A. Optimal Renewable-Energy Promotion：Capacity Subsidies vs. Generation Subsidies [J]. Resource & Energy Economics，2016，45(8)：144－158.

[11] Annala S，Lukkarinen J，Primmer E，et al. Regulation as an Enabler of Demand Response in Electricity Markets and Power Systems[J]. Journal of Cleaner Production，2018，195(9)：1139－1148.

[12] Aparicio J，Ferrando J，Meca A，Sancho J. Strategic Bidding in Continuous Electricity Auctions：An Application to The Spanish Electricity Market[J]. Annals of Operations Research，2008，158(1)：229－241.

[13] Aparicio J，Monforti F，Volker P，et al. Simulating European Wind Power Generation Applying Statistical Downscaling to Reanalysis Data [J]. Applied Energy，2017，199(8)：155－168.

[14] Aquila G，Pamplona E D O，Queiroz A R D，et al. An Overview of Incentive Policies for The Expansion of Renewable Energy Generation in Electricity Power Systems and The Brazilian Experience [J]. Renewable & Sustainable Energy Reviews，2017，70：1090－1098.

[15] Atakan A E，Ekmekci M. Auctions，Actions，and The Failure of Information Aggregation[J]. American Economic Review，2014，104 (7)：S45－S46.

[16] Avi G，Clifford H，Sridhar S. Forecasting and Information Sharing in Supply Chains Under ARMA Demand[J]. IIE Transactions，2014，46 (1)：35－54.

[17] Baisa B. Overbidding and Inefficiencies in Multi-Unit Vickrey Auctions for Normal Goods[J]. Games & Economic Behavior，2016，99(9)：23－35.

[18] Banaei M，Buygi M，Zareipour H. Impacts of Strategic Bidding of Wind Power Producers on Electricity Markets[J]. IEEE Transactions on Power Systems，2016，31(6)：4544－4553.

[19] Barroso L，Khanna A，Cunha G，et al. Performance of Renewable

Energy Auctions: Experience in Brazil, China and India[J]. Policy Research Working Paper, 2014, 1 - 39.

[20] Bensoussan A, Feng Q, Sethi S P. Integrating Equipment Investment Strategy with Maintenance Operations Under Uncertain Failures[J]. Annals of Operations Research, 2015, 317(5): 353 - 386.

[21] Bergland H, Clark D J, Pedersen P A. Rent-Seeking and Quota Regulation of a Renewable Resource [J]. Resource & Energy Economics, 2002, 24(3): 263 - 279.

[22] Birendra K. M, Srinivasan R, Yue X. Information Sharing in Supply Chains: Incentives for Information Distortion[J]. IIE Transactions, 2007, 39(9): 863 - 877.

[23] Bogle T, Van Kooten G C. Protecting Timber Supply on Public Land in Response to Catastrophic Natural Disturbance: A Principal-Agent Problem[J]. Forest Science, 2015, 61(1): 83 - 92.

[24] Bompard E, Ma Y, Napoli R, et al. The Demand Elasticity Impacts on The Strategic Bidding Behavior of The Electricity Producers[J]. IEEE Transactions on Power Systems, 2007, 22(1): 188 - 197.

[25] Bonomo F, Catalán J, Durán G, et al. An Asymmetric Multi-Item Auction with Quantity Discounts Applied to Internet Service Procurement in Buenos Aires Public Schools[J]. Annals of Operations Research, 2016, 258(2): 1 - 17.

[26] Borenstein S, Bushnell J, Wolak F. Measuring Market Inefficiencies in California's Restructured Wholesale Electricity Market[J]. American Economic Review, 2002, 92(5): 1376 - 1405.

[27] Bower J, Bunn D. Experimental Analysis of the Efficiency of Uniform-Price Versus Discriminatory Auctions in The England and Wales Electricity Market [J]. Journal of Economic Dynamics & Control, 2001, 25(3 - 4): 561 - 592.

[28] Brooker K. E-Rivals Seem to Have Home Depot Awfully Nervous[J]. Fortune, 1999, 140(4): 28 - 29.

[29] Bunk S. Renewable-Energy Funds Threatened[J]. Nature, 2001, 411

(6837): 4 – 6.

[30] Butler L, Neuhoff K. Comparison of Feed-In Tariff, Quota and Auction Mechanisms to Support Wind Power Development [J]. Renewable Energy, 2008, 33(8): 1854 – 1867.

[31] Caraballo T, Hammami M, Mchiri L. Practical Stability of Stochastic Delay Evolution Equations[J]. Acta Applicandae Mathematicae, 2016, 142(1): 91 – 105.

[32] Chen J, Liang L, Yao D Q, et al. Price and Quality Decisions in Dual-Channel Supply Chains[J]. European Journal of Operational Research, 2016, 259(3): 935 – 948

[33] Chiang W Y K, Chhajed D, Hess J D. Direct Marketing, Indirect Profits: A Strategic Analysis of Dual-Channel Supply-Chain Design[J]. Management Science, 2003, 49(1): 1 – 20.

[34] Clark, T. H, Hammond, J. H. Reengineering Channel Reordering Processes to Improve Total Supply Chain Performance[J]. Production and Operations Management, 1997, 6(3): 248 – 265.

[35] Crago C L, Chernyakhovskiy I. Are Policy Incentives for Solar Power Effective? Evidence from Residential Installations in The Northeast [J]. Journal of Environmental Economics & Management, 2017, 81 (1): 132 – 151.

[36] Cui R, Allon G, Bassamboo A, et al. Information Sharing in Supply Chains: An Empirical and Theoretical Valuation [J]. Management Science, 2015, 61(11): 2803 – 2824.

[37] Dang V A. Optimal Financial Contracts with Hidden Effort, Unobservable Profits and Endogenous Costs of Effort [J]. Quarterly Review of Economics & Finance, 2010, 50(1): 75 – 89.

[38] Demarzo P M, Sannikov Y. Learning, Termination, and Payout Policy in Dynamic Incentive Contracts [J]. Review of Economic Studies, 2017, 84(1): 182 – 236.

[39] Do Prado J C, Qiao W. A Stochastic Decision-Making Model for an Electricity Retailer with Intermittent Renewable Energy and Short-

term Demand Response[J]. IEEE Transactions on Smart Grid, 2018, 10(3): 1-1.

[40] Elmaghraby W. The Effect of Asymmetric Bidder Size on an Auction's Performance: Are More Bidders Always Better? [J] Management Science, 2005, 51(12): 1763-1776.

[41] Engardio, P. Why The Supply Chain Broke Down[J]. BusinessWeek, 2001, 19(3): 1.

[42] European Commission. Commission Staff Working Document: The Support of Electricity from Renewable Energy Sources[Z], 2008.

[43] Fang D, Wu J, Tang D. A Double Auction Model for Competitive Generators and Large Consumers Considering Power Transmission Cost[J]. International Journal of Electrical Power & Energy Systems, 2012, 43(1): 880-888.

[44] Federico G, Rahman D. Bidding in an Electricity Pay-As-Bid Auction [J]. Journal of Regulatory Economics, 2003, 24(2): 175-211.

[45] Ferruzzi G, Cervone G, Delle Monache L, et al. Optimal Bidding in A Day-Ahead Energy Market for Micro Grid Under Uncertainty in Renewable Energy Production[J]. Energy, 2016, 106(7): 194-202.

[46] Figuières C, Jean-Marie A, Quérou N, et al. Theory of conjectural variations[M]. Singapore: World Scientific. 2004.

[47] Frazier G L, Maltz E, Antia K D, et al. Distributor Sharing of Strategic Information with Suppliers[J]. Journal of Marketing, 2009, 73(4): 31-43.

[48] Genc T S. Equilibrium Predictions in Wholesale Electricity Markets [M]. Handbook of Networks in Power Systems I. 2012.

[49] Gilbert S M. Quantity Discounts in Single-Period Supply Contracts with Asymmetric Demand Information[J]. IIE Transactions, 2007, 39 (5): 465-479.

[50] Gountis V. P, Bakirtzis A. G. Bidding Strategies for Electricity Producers in A Competitive Electricity Marketplace[J]. IEEE Trans. Power Syst. 2004, 19(1): 356-365.

[51] Green B S, Taylor C R. On Breakthroughs, Deadlines, and the Nature of Progress: Contracting for Multistage Projects[J]. Ssrn Electronic Journal, 2015, 9.

[52] Grossman S J, Hart O D. An Analysis of Principal-Agent Problem[J]. Econometrica, 1983, 51(1): 7 - 45.

[53] Guido V, Karl I. Supply Chain Coordination with Information Sharing in The Presence of Trust and Trustworthiness[J]. IIE Transactions, 2012, 44(8): 637 - 654.

[54] Gunasekaran A, Ngaib E W T. Information Systems in Supply Chain Integration and Management [J]. European Journal of Operational Research, 2004, 159(2): 269 - 295.

[55] Hao S. A Study of Basic Bidding Strategy in Clearing Pricing Auctions [J]. IEEE Transactions on Power Systems, 2000, 15(3): 975 - 980.

[56] Hu Q H, Tan Z F, Ju L W, et al. The Large Customers: Direct Electricity Purchase Sequence Evaluation Model from Multiple Types of Generators[J]. Applied Mechanics and Materials, 2013, 389(10): 149 - 154.

[57] Hua, G, Wang, S, Cheng, T. C. E. Price and Lead Time Decisions in Dual-Channel Supply Chains [J]. European Journal of Operational Research, 2010, 205(1): 113 - 126.

[58] Huang S, Guan X, Chen Y J. Retailer Information Sharing with Supplier Encroachment[J]. Production and Operations Management, 2018, 27(6): 1133 - 1147.

[59] Huang, S, Yang C, Liu H. Pricing and Production Decisions in Dual-Channel Supply Chains When Production Costs Are Disrupted[J]. Economic Modelling, 2013, 30: 521 - 538.

[60] Hyndman K B, Kraiselburd S, Watson N. Aligning Capacity Decisions in Supply Chains When Demand Forecasts Are Private Information: Theory and Experiment [J]. Manufacturing & Service Operations Management, 2013, 15(1): 102 - 117.

[61] Inventory management 2003: An overview [Z]. Chain Store Age,

2003，79(12)：3A - 11A.

[62] Iria J，Soaresa F，Matos M. Optimal Supply and Demand Bidding Strategy for an Aggregator of Small Prosumers[J]，Applied Energy，2018，213：658 - 669.

[63] Iychettira K K，Hakvoort R A，Linares P，et al. Towards A Comprehensive Policy for Electricity from Renewable Energy：Designing for Social Welfare[J]. Applied Energy，2017，187：228 - 242.

[64] Jain P，Bhakar R，Singh S. Influence of Bidding Mechanism and Spot Market Characteristics on Market Power of a Large Genco Using Hybrid DE/BBO[J]. Journal of Energy Engineering，2015，141(3)：4001 - 4028

[65] Jooste K，Jasper M. 'Standard' Incentive Regulation Hinders the Integration of Renewable Energy Generation[J]. Energy Policy，2012，47(1)：222 - 237.

[66] Juhari AR，Kamaruzzaman S，Yusoff A，et al. Optimization of PV-Wind-Hydro-Diesel Hybrid System by Minimizing Excess Capacity[J]. European Journal of Scientific Research，2009，25(6)：63 - 71.

[67] Just H R E. Setting Efficient Incentives for Agricultural Research：Lessons from Principal-Agent Theory [J]. American Journal of Agricultural Economics，2000，82(4)：828 - 841.

[68] Kagel J H，Dan L. Behavior in Multi-Unit Demand Auctions：Experiments with Uniform Price and Dynamic Vickrey Auctions[J]. Econometrica，2010，69(2)：413 - 454.

[69] Kalashnikov V，Bulavsky V，Jr V，et al. Structure of Demand and Consistent Conjectural Variations Equilibrium (CCVE) In A Mixed Oligopoly Model[J]. Annals of Operations Research，2014，217(1)：281 - 297.

[70] Kalkanci B，Erhun F. Pricing Games and Impact of Private Demand Information in Decentralized Assembly Systems [J]. Operations Research，2012，60(5)：1142 - 1156.

[71] Kang D, Kim B, Hur D. Supplier Bidding Strategy Based on Non-Cooperative Game Theory Concepts in Single Auction Power Pools[J]. Electric Power Systems Research, 2007,77(5 – 6): 630 – 636.

[72] Khundker N. Preventing Confidential Information Leakage in Supply Chains Through Trust-Based Heuristic Supplier Selection [J]. Renewable & Sustainable Energy Reviews, 2014, 40(1): 143 – 152.

[73] Klein R. Customization and Real Time Information Access in Integrated Ebusiness Supply Chain Relationships [J]. Journal of Operations Management, 2007, 25(6): 1366 – 1381.

[74] Klemperer PD, Meyer MA. Supply Function Equilibrium in Oligopoly Under Uncertainty[J]. Econometrica, 1989, 57(6): 1243 – 1277.

[75] Kong G, Rajagopalan S, Zhang H. Revenue Sharing and Information Leakage in a Supply Chain[J]. Management Science, 2013, 59(3): 556 – 572.

[76] Kostamis D, Duenyas I. Purchasing Under Asymmetric Demand and Cost Information: When Is More Private Information Better? [J]. Operations Research, 2011, 59(4): 914 – 928.

[77] Kwon T H. Rent and Rent-Seeking in Renewable Energy Support Policies: Feed-In Tariff Vs. Renewable Portfolio Standard [J]. Renewable & Sustainable Energy Reviews, 2015, 44(1): 676 – 681.

[78] Laeeque S H. Role of Psychological Factors in Determining Principal-Agent Relationship: Empirical Evidence from the Insurance Industry of Pakistan[J]. Journal of Pharmaceutical Sciences, 2014, 101 (3): 955 – 64.

[79] *Lamar Mckay*. BP Statistical Review of World Energy 2017[R]. 2018.

[80] Lee C. Y, Yang R. Supply Chain Contracting with Competing Suppliers Under Asymmetric Information[J]. IIE Transactions, 2013, 45(1): 25 – 52.

[81] Lee H L, So K C, Tang C S. The Value of Information Sharing in a Two-Level Supply Chain[J]. Management Science, 2000, 46(5): 626 – 643.

[82] Lee W, Xiang L, Schober R, et al. Direct Electricity Trading in Smart Grid: A Coalitional Game Analysis[J]. IEEE Journal on Selected Areas in Communications, 2014, 32(7): 1398 - 1411.

[83] Li G, Shi J, Qu X. Modeling Methods for Genco Bidding Strategy Optimization in The Liberalized Electricity Spot Market – A State-Of-The-Art Review[J]. Energy, 2011, 36(8): 4686 - 4700.

[84] Li G, Shi J. Agent-Based Modeling for Trading Wind Power with Uncertainty in The Day-Ahead Wholesale Electricity Markets of Single-Sided Auctions[J]. Applied Energy, 2012, 99(2): 13 - 22.

[85] Li T, Ma J. Complexity Analysis of the Dual-Channel Supply Chain Model with Delay Decision[J]. Nonlinear Dynamics, 2014, 78(4): 2617 - 2626.

[86] Li T, Shahidehpour M. Strategic Bidding of Transmission Constrained Gencos with Incomplete Information[J]. IEEE Trans Power Syst., 2005, 20(1): 437 - 447.

[87] Li Z, Gilbert S M, Lai G. Supplier Encroachment as an Enhancement or a Hindrance to Nonlinear Pricing[J]. Production & Operations Management, 2015, 24(1): 89 - 109.

[88] Li Z, Gilbert S M, Lai G. Supplier Encroachment Under Asymmetric Information[J]. Management Science, 2014, 60(2): 449 - 462

[89] Li Z, Kuo C. Design of Discrete Dutch Auctions with an Uncertain Number of Bidders[J]. Annals of Operations Research, 2013, 211(1): 255 - 272.

[90] López R, Mitra S. Corruption, Pollution and The Kuznets Environment Curve[J]. Journal of Environmental Economics and Management, 2000, 40(2): 137 - 50.

[91] Lund H. Renewable energy strategies for sustainable development[J]. Energy, 2007, 32(6): 912 - 919.

[92] Lutze H, Özer Ö. Promised Lead-Time Contracts under Asymmetric Information[J]. Operations Research, 2008, 56(4): 898 - 915.

[93] Marucheck A, Greis N, Mena C, et al. Insights on the Special Issue on

Product Safety and Security in the Global Supply Chain[J]. Journal of Operations Management, 2011, 29(7): 704 - 706.

[94] Mason R, Välimäki J. Getting It Done: Dynamic Incentives to Complete a Project[J]. Journal of the European Economic Association, 2015, 13(1): 62 - 97.

[95] Mcafee R, Mcmillan J. Auctions and Bidding[J]. Journal of Economic Literature, 1987, 25(2): 699 - 738.

[96] Milgrom P, Weber R. A Theory of Auctions and Competitive Bidding [J]. Econometrica, 1982, 50: 1089 - 1122.

[97] Moiseeva E, Wogrin S, Hesamzadeh M. Generation Flexibility in Ramp Rates: Strategic Behavior and Lessons for Electricity Market Design[J]. European Journal of Operational Research, 2017, 261(2): 755 - 771.

[98] Moliterni F. Analysis of Public Subsidies to the Solar Energy Sector: Corruption and the Role of Institutions[J]. Social Science Electronic Publishing, 2017.

[99] Morales J M, Conejo A J, Madsen H, et al. Impact of Stochastic Renewable Energy Generation on Market Quantities[M]. Integrating Renewables in Electricity Markets. 2014.

[100] Motalleb M, Ghorbani R. Non-Cooperative Game-Theoretic Model of Demand Response Aggregator Competition for Selling Stored Energy in Storage Devices[J]. Applied Energy, 2017, 202: 581 - 596.

[101] Muthusamy G, Srinivasan R, Chandrasekharan R. The Value of Information Sharing in A Multi-Product Supply Chain with Product Substitution[J]. IIE Transactions, 2008, 40(12): 1124 - 1140.

[102] Nesta L, Vona F, Nicolli F. Environmental Policies, Competition and Innovation in Renewable Energy [J]. Journal of Environmental Economics & Management, 2014, 67(3): 396 - 411.

[103] Nicolas T, Dominique M. Optimization of Maintenance Strategy of Renewable Energy Production System (REPS) For Minimizing Production Loss[J]. International Journal on Interactive Design and

Manufacturing，2016，10(3)：229 - 234.

[104] Noussair C. Equilibria in A Multi-Object Uniform Price Sealed Bid Auction with Multi-Unit Demands [J]. Economic Theory，1995，5(2)：337 - 351.

[105] Osborne M，Rubinstein A. A Course in Game Theory[M]. The MIT Press. 1994.

[106] Özer Ö，Zheng Y，Ren Y. Trust，Trustworthiness，and Information Sharing in Supply Chains Bridging China and the United States[J]. Management Science，2014，60(10)：2435 - 2460.

[107] Pineda S，Boomsma T K，Wogrin S. Renewable Generation Expansion Under Different Support Schemes：A Stochastic Equilibrium Approach[J]. European Journal of Operational Research，2018，266(3)：1086 - 1099.

[108] Rahimiyan M，Baringo L. Strategic Bidding for a Virtual Power Plant in the Day-Ahead and Real-Time Markets：A Price-Taker Robust Optimization Approach[J]. IEEE Transactions on Power Systems，2016，31(4)：2676 - 2687.

[109] Raju J，Abhik R. Market Information and Firm Performance[J]. Management Science，2000，46(8)，1075 - 1084.

[110] Rao C，Zhao Y，Zheng J，et al. An Extended Uniform-Price Auction Mechanism of Homogeneous Divisible Goods：Supply Optimisation and Non-Strategic Bidding[J]. International Journal of Production Research，2016，54(13)：1 - 15.

[111] REN21. Renewables 2013[R]. Global Status Report，2013.

[112] Ritzenhofen I，Birge J R，Spinler S. The Structural Impact of Renewable Portfolio Standards and Feed-In Tariffs On Electricity Markets[J]. European Journal of Operational Research，2016，255(1)：224 - 242.

[113] Rogerson W P. The First-Order Approach to Principal-Agent Problems[J]. Econometrica，1985，53(6)：1357 - 1367.

[114] Ruddell K，Philpottt A，Downward A. Supply Function Equilibrium

with Taxed Benefits[J]. Operations Research, 2017, 65: 1 - 18.

[115] Samuelson W. Auctions: Advances in Theory and Practice [M]. Springer US, 2014.

[116] Sanz-Bobi M A. Use, Operation and Maintenance of Renewable Energy Systems[M]. Springer US, 2014.

[117] Sapra A, Jackson P L. On the Equilibrium Behavior of a Supply Chain Market for Capacity [J]. Manufacturing & Service Operations Management, 2013, 15(1): 132 - 147,

[118] Sato T, Kammen D M, Duan B, et al. Renewable Energy Generation [M]. Springer US, 2015.

[119] Shen J, Luo C. Overall Review of Renewable Energy Subsidy Policies in China-Contradictions of Intentions and Effects[J]. Renewable & Sustainable Energy Reviews, 2015, 41(C): 1478 - 1488.

[120] Siddiqui A S, Tanaka M, Chen Y. Are Targets for Renewable Portfolio Standards Too Low? The Impact of Market Structure On Energy Policy[J]. European Journal of Operational Research, 2016, 250(1): 328 - 341.

[121] Soleimani F, Khamseh A A, Naderi B. Optimal Decisions in A Dual-Channel Supply Chain Under Simultaneous Demand and Production Cost Disruptions[J]. Annals of Operations Research, 2016, 243(1): 301 - 321.

[122] Soleymani S, Ranjbar A, Shirani A. Strategic Bidding of Generating Units in Competitive Electricity Market with Considering Their Reliability[J]. Electrical Power and Energy Systems, 2008, 30: 193 - 201.

[123] Soleymani S. Bidding Strategy of Generation Companies Using PSO Combined with SA Method in The Pay as Bid Markets[J]. Int J Electr Power Energy Syst, 2011, 33(7): 1272 - 1278.

[124] Sun P, Tian F. Optimal Contract to Induce Continued Effort[J]. Management Science. 2018, 64(9): 4193 - 4217.

[125] Sunar N, Birge J R. Strategic Commitment to a Production Schedule

with Uncertain Supply and Demand: Renewable Energy in Day-Ahead Electricity Markets[J]. Management Science. 2019, 65(2): 714 - 734.

[126] Tan W S, Hassan M Y, Majid M S, et al. Optimal Distributed Renewable Generation Planning: A Review of Different Approaches [J]. Renewable and Sustainable Energy Reviews, 2013, 18: 626 - 645.

[127] Tang Y, Ling J, Ma T, et al. A Game Theoretical Approach Based Bidding Strategy Based Bidding Strategy Optimization for Power Producers in Power Markets with Renewable Electricity [J]. Energies. 2017, 627(10): 1 - 3.

[128] Tonn B, Peretz J H. State-Level Benefits of Energy Efficiency[J]. Energy Policy, 2007, 35(7): 3665 - 3674.

[129] UNEP. Towards A Green Economy: Pathways to Sustainable Development and Poverty Eradication[R]. 2011.

[130] Vahidinasab V, Jadid S. Multi-Objective Environmental/Techno-Economic Approach for Strategic Bidding in Energy Markets[J]. Applied Energy. 2009, 86: 496 - 504.

[131] Vickrey W. Counterspeculation, Auctions, and Competitive Sealed Tenders[J]. Journal of Finance, 1961, 16(1): 8 - 37.

[132] Wagner M R. Robust Purchasing and Information Asymmetry in Supply Chains with A Price-Only Contract[J], IIE Transactions, 2015, 47(8): 819 - 840.

[133] Wang J, Zhi Z, Botterud A. An Evolutionary Game Approach to Analyzing Bidding Strategies in Electricity Markets with Elastic Demand[J]. Energy, 2011, 36(5): 3459 - 3467.

[134] Wang X, Li Y Z, Zhang S H. Oligopolistice Quilibrium Analysis for Electricity Markets: A Nonlinear Complementarity Approach[J], IEEE Trans Power Syst. , 2014, 19(3): 1348 - 1355.

[135] Winkler J, Gaio A, Pfluger B, et al. Impact of Renewables on Electricity Markets: Do Support Schemes Matter? [J]. Energy

Policy, 2016, 93(5): 157 – 167.

[136] Xu T. Information Revelation in Auctions with Common and Private Values[J]. Games & Economic Behavior, 2016, 97: 147 – 165.

[137] Yang H, Luo J, Zhang Q. Supplier Encroachment Under Nonlinear Pricing with Imperfect Substitutes: Bargaining Power Versus Revenue-Sharing[J]. European Journal of Operational Research, 2018, 267: 1089 – 1101.

[138] Yao, D., Liu, J. Competitive Pricing of Mixed Retail and E-Tail Distribution Channels[J]. Omega, 2005, 33(3): 235 – 247.

[139] Yin X, Zhao J, Saha T, et al, Developing GENCO's Strategic Bidding in an Electricity Market with Incomplete Information[C]. IEEE Power Engineering Society General Meeting, 2007.

[140] Youbo L, Junyong L, Lifeng T, et al. Pareto Improvement of Large Customer Direct Power-Purchase by Use of Multi-Objective Optimization [C]. Asia-Pacific Power & Energy Engineering Conference, 2009.

[141] Yue X, Liu J. Demand Forecast Sharing in A Dual-Channel Supply Chain[J]. European Journal of Operational Research, 2006, 174(1): 646 – 667.

[142] Zeng J, Liu J, Wu J, et al. A Multi-Agent Solution to Energy Management in Hybrid Renewable Energy Generation System[J]. Renewable Energy, 2011, 36(5): 1352 – 1363.

[143] Zeng M, Yang Y, Fan Q, et al. Coordination Between Clean Energy Generation and Thermal Power Generation Under the Policy of "Direct Power-Purchase for Large Users" In China[J]. Utilities Policy, 2015, 33(1): 10 – 22.

[144] Zhang H, Zenios S. A Dynamic Principal-Agent Model with Hidden Information: Sequential Optimality Through Truthful State Revelation[J]. Operations Research, 2008, 56(3): 681 – 696.

[145] Zhao H., Guo S, Fu L. Review On the Costs and Benefits of Renewable Energy Power Subsidy in China [J]. Renewable &

Sustainable Energy Reviews, 2014, 37(3): 538 - 549.

[146] Zhou Y, Wang L, Mccalley J D. Designing Effective and Efficient Incentive Policies for Renewable Energy in Generation Expansion Planning[J]. Applied Energy, 2011, 88(6): 2201 - 2209.

[147] Zhu W, Gavirneni S, Kapuscinski R. Periodic Flexibility, Information Sharing, And Supply Chain Performance[J]. IIE Transactions, 2009, 42(3): 173 - 187.

[148] 国家能源局. 国家能源局关于可再生能源发展"十三五"规划实施的指导意见[EB/OL]. (2017 - 07 - 19)[2024 - 06 - 01]http://zfxxgk. nea. gov. cn/auto87/201707/t20170728_2835. htm.

[149] 电力规划设计总院. 中国能源发展报告 2018[R]. 北京: 电力规划设计总院, 2019.

[150] 国务院. 国务院关于促进光伏产业健康发展的若干意见[EB/OL]. (2023 - 07 - 15)[2024 - 06 - 01]https://www. gov. cn/zhengce/zhengceku/2013 - 07/15/content_2632. htm.

[151] 国务院. 国务院关于印发电力体制改革方案的通知[EB/OL]. (2017 - 09 - 13)[2024 - 06 - 01]https://www. gov. cn/zhengce/content/2017 - 09/13/content_5223177. htm.

[152] 韩文轩. 中国电力体制改革面临的主要问题[EB/OL]. (2014 - 08 - 28)[2024 - 06 - 01]https://news. bjx. com. cn/html/20140828/541427 - 1. shtml.

[153] 何英, 董欣. 到 2020 年可再生能源补贴缺口扩至 3 000 亿元, 自愿交易的绿证效力几何? [N]. 中国能源报, 2017 - 03 - 15.

[154] 胡江溢, 陈西颖. 对大用户直购电交易的探讨[J]. 电网技术, 2007, 31(24): 6.

[155] 李昂, 高瑞泽. 论电网公司市场势力的削弱——基于大用户直购电政策视角[J]. 中国工业经济, 2014(6): 147 - 159.

[156] 李晓刚, 言茂松, 谢贤亚. 三种定价方法对发电厂商报价策略的诱导机理[J]. 电力系统自动化, 2003, 27(5): 20 - 25.

[157] 马文斌, 唐德善. 电力大用户直购电交易决策模型[J]. 统计与决策, 2007(12): 59 - 60.

［158］全国人民代表大会常务委员会. 中华人民共和国可再生能源法［EB/
OL］.（2009 - 12 - 26）［2024 - 06 - 01］https：//flk. npc. gov. cn/
detail2. html？MmM5MDlmZGQ2NzhiZjE3OTAxNjc4YmY3MDhhNj
A1NzM.

［159］国家发展改革委. 关于印发"十四五"可再生能源发展规划的通知［EB/
OL］.（2021 - 10 - 21）［2024 - 06 - 01］http：//zfxxgk. nea. gov. cn/
2021 - 10/21/c_1310611148. htm.

［160］周盈,文福拴,朱炳铨,等. 确定直购电交易分摊电力网络固定成本的新
方法［J］. 电力系统及其自动化学报,2015,27(9)：12 - 20.